MANUAL DE NAVEGACIÓN ESPIRITUAL

DESCUBRIENDO EL RUMBO SEGURO EN MEDIO DE LA CONFUSIÓN MODERNA

DIEGO COLÓN BATIZ

ISBN: 979-8-9933302-5-9

Library of Congress Control Number: 2026904134

Publicadora 'Diego Colon Ministries'.

Teléfono: 407-900-1995

Email: pastor.diegocolon@gmail.com

Orlando, Florida, EE. UU

Creado por: Diego Colon Ministries

Diseños: Diego Colón

Dedicatoria

A Dios Todopoderoso, mi ancla segura y mi brújula constante. Todo lo que soy y lo que hago nace de Tu gracia y se sostiene en Tu fidelidad. Este libro es para Ti, porque sin Tu luz no habría rumbo y sin Tu voz no habría dirección. Tú eres mi centro, mi fuerza en la tormenta y el puerto eterno que me espera al final de la travesía.

A mi amada familia, quienes navegan conmigo en mares de calma y de prueba. Su amor, apoyo y fe han sido un reflejo de la bondad de Dios en mi vida. Cada página también lleva sus huellas, porque este llamado no lo vivo en soledad, sino acompañado de quienes me recuerdan diariamente lo que significa amar y ser amado.

Y a todo creyente que busca mantener su rumbo en medio de un mundo cambiante, dedico estas palabras como una carta de navegación. Mi oración es que al leerlas, encuentres no solo advertencias, sino también esperanza; no solo correcciones, sino también dirección. Que este libro sea un recordatorio de que nunca navegamos solos: Cristo es nuestro Capitán, y en Él siempre hallaremos puerto seguro.

Prologo

La vida cristiana es presentada como una travesía de navegación, una alegoría que permite comprender el caminar espiritual como un proceso que requiere dirección, atención constante y discernimiento. En un mundo marcado por la confusión y la falta de referencias claras, esta imagen ofrece una manera práctica y comprensible de entender la fe.

A lo largo de la obra, el Obispo Diego Colón Batiz desarrolla esta alegoría resaltando los elementos y herramientas que no deben faltar durante la travesía de la vida espiritual. Cada capítulo aporta principios que ayudan al creyente a identificar su posición, corregir su rumbo y mantenerse enfocado en el propósito de su caminar cristiano.

El libro invita al lector a poner en práctica estos principios, caminando con un rumbo claro y firme, confiando plenamente en la guía del Espíritu Santo. De esta manera, la obra se convierte en una referencia útil para quienes desean vivir una fe bien orientada, estable y consciente en medio de los desafíos del tiempo presente.

Yattenciy Bonilla

Prefacio

Escribir este libro no fue un simple ejercicio de letras, sino un proceso de oración, confrontación y obediencia. Mientras avanzaba en cada capítulo, Dios me recordaba que la vida cristiana no es un destino alcanzado de una vez, sino una travesía que requiere corrección constante. Así como un navegante no puede confiarse del viento ni de su experiencia pasada, tampoco el creyente puede confiar en sus fuerzas ni en recuerdos de gloria. Necesitamos depender del Capitán de nuestra salvación en cada tramo de la ruta.

Desde mi juventud, tuve la oportunidad de aprender lecciones de navegación en contextos militares y de rescate. Allí entendí que un pequeño error en la dirección, si no se corrige a tiempo, termina en grandes desvíos. Años después, al caminar en la fe y servir en el ministerio, descubrí que lo mismo sucede en la vida espiritual. Un corazón que deja de examinarse, una iglesia que descuida la Palabra, un creyente que se confía de sí mismo: todos corren el riesgo de perder rumbo sin darse cuenta. Este libro nace precisamente de ese peso en mi corazón, al ver cuántos han dejado de navegar hacia la meta eterna.

Mi anhelo no es dar teorías complicadas ni fórmulas inalcanzables. El propósito es ofrecer un manual sencillo pero profundo, que ayude a todo creyente a identificar los desvíos comunes de la travesía espiritual y, sobre todo, a usar las herramientas que Dios ya nos ha dado para recalibrar. Cada enseñanza aquí escrita fue moldeada con el deseo de que el lector no solo reciba advertencias, sino también esperanza: la certeza de que nunca es tarde para corregir rumbo cuando se depende de la gracia de Cristo.

Este libro se une a mis obras anteriores, no como una repetición, sino como parte de un mismo llamado. *El Precio del Llamado* mostró la postura del corazón necesaria para seguir a Cristo. *El Ejército del Siglo 21* reveló la dimensión colectiva de la batalla espiritual. Ahora, este *Manual de Navegación Espiritual* conecta ambas dimensiones, enfocándose en cómo no perder dirección en medio de la travesía personal y comunitaria de la fe. Cada obra refleja un aspecto del mismo mensaje: necesitamos volver a Cristo como centro, depender de Su Espíritu y mantenernos firmes en Su Palabra.

Agradezco profundamente a Dios por sostenerme en cada página escrita. Sin Su misericordia, ni siquiera tendría palabras que decir. Agradezco también a mi familia, que ha sido tripulación fiel en mis propios mares de pruebas y victorias. Y agradezco a cada lector que se atreve a embarcarse en este viaje conmigo: su disposición a reflexionar y aplicar lo aprendido es la confirmación de que este esfuerzo no fue en vano.

Al leer este manual, recuerda que no estás solo en el viaje. La iglesia es tu tripulación, el Espíritu es tu brújula, la Palabra es tu mapa, y Cristo es tu Capitán. Que este prefacio sea solo la primera señal antes de zarpar, y que lo que encuentres en las próximas páginas te impulse a ajustar, a perseverar y a mantener tus ojos fijos en el puerto seguro que nos espera en la eternidad.

Introducción

La vida cristiana ha sido descrita de muchas maneras: una carrera, una siembra, una batalla. En este libro la presentamos como una travesía de navegación, porque todo creyente está en un viaje que no comenzó en sí mismo, ni terminará en sí mismo, sino en Cristo, el puerto seguro. Como navegantes, necesitamos brújula, mapa y dirección, porque el mar espiritual no siempre es tranquilo. A veces nos enfrentamos a tormentas, otras veces a desvíos casi imperceptibles, y en ocasiones cargamos pesos que hacen más lenta la travesía.

El propósito de este manual no es añadir un lenguaje más al mundo cristiano, sino proveer una guía práctica para discernir, corregir y mantener el rumbo. A diferencia de un tratado teológico o un devocional inspiracional, este libro tiene un enfoque pedagógico: pretende formar al creyente en la disciplina de examinar su vida, identificar áreas de descuido y usar las herramientas que Dios ya le ha provisto para recalibrar su caminar. En otras palabras, no se trata solo de avanzar, sino de avanzar en la dirección correcta.

Cada capítulo fue diseñado como un tramo de viaje. En él, encontrarás tanto advertencias como ajustes: los primeros te mostrarán los peligros reales que enfrentamos en el mar espiritual, y los segundos te recordarán que siempre existe la posibilidad de reenfocarte en Cristo. No hay creyente tan firme que no necesite ajustar rumbo, ni creyente tan caído que no pueda volver a navegar con la ayuda del Espíritu Santo. La gracia de Dios siempre nos alcanza en medio del trayecto.

Este libro también recoge lecciones que provienen de experiencias personales aprendidas en la disciplina de la navegación militar y de rescate. Lo que fue entrenamiento práctico en terrenos naturales, hoy sirve como metáfora espiritual para mostrar que la precisión, la corrección y la vigilancia constante son indispensables en la fe. Así como un pequeño error en un azimut puede terminar en una gran desviación con el tiempo, también un descuido espiritual aparentemente leve puede alejarnos gravemente del destino eterno si no lo corregimos a tiempo.

Más que dar información, este manual busca provocar transformación. Por eso, los temas no se presentan con tono condenatorio, sino con un balance bíblico y pastoral: firmes en la verdad, pero cubiertos de misericordia. El creyente encontrará aquí no solo advertencias contra el error, sino también un camino de regreso, una invitación a volver al mapa de la Palabra, a depender de la brújula del Espíritu y a mantener los ojos en el Capitán de nuestra salvación.

Como todo manual, este no está escrito para ser leído de un tirón y olvidado. Puede ser usado como guía personal de estudio, como herramienta de discipulado o como recurso para grupos pequeños. Cada capítulo contiene suficiente profundidad para la reflexión individual, pero también claridad práctica para la enseñanza colectiva. El objetivo final es que cada lector se convierta en un navegante consciente, preparado y disciplinado en su caminar espiritual.

Que esta introducción sirva como punto de partida. Ahora comienza el viaje, y cada página será un tramo del mar que atravesarás. Habrá advertencias de desvíos, pero también instrucciones claras para volver a la ruta. Que al cerrar este libro no digas simplemente que aprendiste algo nuevo, sino que corregiste tu rumbo, fortaleciste tu fe y reafirmaste que el puerto seguro ya está asegurado en Cristo.

Tabla de Contenido

Capítulo 1
Caminar con rumbo claro

Proverbios 29:18

Donde no hay visión, el pueblo se desenfrena; mas el que guarda la ley es bienaventurado.

La belleza de tener un destino definido

(visión espiritual, propósito personal, dirección en la Palabra)

Todo viaje comienza con un destino en mente, y la vida cristiana no es diferente. Cuando un creyente entiende hacia dónde se dirige, cada paso cobra sentido. Sin visión clara, los días se vuelven repeticiones vacías. Dios ha trazado un destino para cada uno de nosotros, y caminar hacia él es un privilegio. Como dice Proverbios 29:18, "Sin visión, el pueblo se desenfrena."

La visión espiritual es la brújula del creyente. No se trata de sueños humanos, sino de la dirección que viene de Dios. Cuando se pierde la visión, se pierde el ánimo y la fuerza de seguir. La visión es el fuego que enciende la disciplina diaria. Así como el viajero mira el horizonte, el cristiano fija su mirada en las promesas eternas.

El propósito personal da sentido al trayecto. Cada creyente tiene un llamado específico que se entrelaza con el plan general de Dios. No hay casualidad en los pasos del justo; hay un propósito detrás de cada estación. Sin embargo, cuando el propósito se olvida, se cae en la rutina vacía. Recordar que somos llamados con intención divina es el motor para no detenerse.

La dirección en la Palabra es lo que convierte la visión en camino seguro. No basta con saber a dónde ir; hay que seguir el mapa correcto. La Biblia no es un adorno, es el mapa que traza cada ruta. Cuando se la ignora, los desvíos se multiplican. Caminar en la Palabra asegura que la visión no se distorsione por emociones pasajeras.

La belleza del destino definido está en que nos protege del desenfoque. El enemigo busca confundir, pero la visión clara neutraliza sus engaños. Un creyente con rumbo sabe distinguir entre lo urgente y lo importante. Esto lo mantiene firme cuando otros vacilan. Caminar con propósito no es caminar con prisa, sino caminar con dirección.

Sin visión, los obstáculos se convierten en excusas. Pero con visión, los mismos obstáculos se vuelven entrenamientos. El creyente entiende que todo lo que enfrenta lo acerca más a su meta. Cada dificultad se convierte en oportunidad de crecer. La visión transforma la perspectiva de los problemas.

Cuando el propósito personal se conecta con la visión eterna, nace la plenitud. No hay gozo más grande que saber que se camina hacia lo que Dios planeó. Esa certeza alimenta la perseverancia incluso en el dolor. Los que caminan con visión nunca caminan solos; Dios camina con ellos. Su compañía es garantía de llegada.

Caminar con rumbo claro es vivir en plenitud y no en confusión. Es entender que cada paso, aunque pequeño, tiene un destino seguro. La visión no elimina las tormentas, pero provee la seguridad de hacia dónde vamos. Un corazón enfocado en Cristo no se dispersa con distracciones. Y cuando la brújula apunta al cielo, la ruta siempre se mantiene firme.

Encontrar dirección en medio de tantas opciones

(discernimiento, prioridades, obediencia)

Vivimos en un mundo lleno de opciones, donde cada día parece ofrecernos múltiples caminos. Esta abundancia de elecciones puede parecer libertad, pero en realidad muchas veces produce confusión. El creyente debe aprender a identificar cuál es la senda que agrada a Dios. No todas las puertas abiertas son la puerta correcta. La dirección espiritual requiere discernimiento más que impulso.

El discernimiento se desarrolla al escuchar la voz del Espíritu Santo. No se trata solo de lógica o conveniencia, sino de sensibilidad al Señor. Hay decisiones que parecen buenas, pero no todas son de Dios. Lo que brilla puede ser engañoso si no está alineado con la Palabra. La luz verdadera se reconoce porque no contradice la voz de Cristo.

La vida cristiana requiere establecer prioridades claras. Cuando todo parece importante, nada lo es realmente. El creyente debe decidir qué cosas son urgentes y cuáles son eternas. Una vida guiada por prioridades correctas evita distracciones. Quien busca primero el Reino de Dios encontrará orden en sus pasos.

Las prioridades también determinan en qué invertimos tiempo y recursos. Muchos se desgastan en lo que no produce fruto eterno. Lo que se siembra en lo pasajero se desvanece, pero lo sembrado en Dios permanece. Priorizar la Palabra, la oración y el servicio asegura cosecha espiritual. El orden del corazón define la dirección de la vida.

La obediencia es la clave que confirma la dirección tomada. De nada sirve conocer la ruta si no se camina en ella. La obediencia convierte conocimiento en transformación. El que obedece no siempre entiende todo, pero confía en el Dios que guía. Caminar en obediencia es más seguro que caminar en entendimiento propio.

El creyente que practica la obediencia aprende a confiar más en Dios que en sí mismo. Esto produce estabilidad incluso en medio de incertidumbre. No todas las respuestas estarán claras, pero la obediencia abre camino. Lo importante no es saberlo todo, sino seguir al que todo lo sabe. Así se avanza con confianza en la dirección divina.

El Espíritu Santo guía al que está dispuesto a obedecer. Él no revela el camino completo, sino un paso a la vez. La dirección de Dios se experimenta mientras se camina. Cada acto de obediencia confirma que estamos en la senda correcta. Y aunque no entendamos todo, sabemos que estamos en sus manos.

Encontrar dirección en medio de tantas opciones es posible cuando hay discernimiento, prioridades correctas y obediencia. Estas tres llaves garantizan que nuestras decisiones se alineen al plan de Dios. No se trata de elegir lo más atractivo, sino lo más fiel. Dios no nos llama a caminos fáciles, sino a caminos seguros. El rumbo claro siempre se confirma en la Palabra.

El gozo de avanzar con propósito

(alegría de servir, perseverancia, enfoque en Cristo)

Avanzar en la vida cristiana no se trata de velocidad, sino de propósito. Cada paso cuenta cuando se camina con sentido. El gozo no está en llegar rápido, sino en saber que vamos en la dirección correcta. La vida en Cristo no es una carrera de comparación, sino un viaje de fidelidad. Y cuando se entiende esto, cada día se convierte en motivo de alegría.

La alegría de servir es un combustible en la travesía. El servicio no es una carga, sino una expresión de gratitud. Cuando servimos a otros, descubrimos propósito en medio del camino. Servir no nos retrasa, nos impulsa a crecer. El gozo verdadero está en dar lo que hemos recibido.

Perseverar en el propósito produce firmeza de carácter. No todo será fácil ni todo será rápido, pero lo importante es no detenerse. La perseverancia convierte obstáculos en peldaños. Cada caída es una oportunidad para levantarse con más fuerza. El creyente perseverante avanza aun en medio de pruebas.

El gozo de la perseverancia está en ver cómo Dios obra en cada estación. No siempre se ven resultados inmediatos, pero se percibe el respaldo divino. La constancia es más poderosa que la emoción momentánea. El que persevera aprende a disfrutar del proceso. Y ese disfrute sostiene aun cuando los demás se rinden.

Enfocarse en Cristo mantiene el rumbo en medio de distracciones. Cuando la mirada se desvía, se pierde el paso firme. Cristo es el faro que ilumina el trayecto. Mirar a Jesús evita que lo secundario nos robe la atención. El enfoque en Él asegura avance sin tropiezos.

Un corazón enfocado no se dispersa con lo temporal. Cristo se convierte en la meta y también en el camino. Avanzar con propósito es caminar en comunión con Él. La relación con Cristo es la fuente del gozo duradero. La meta no es el éxito humano, sino agradar a Jesús.

El gozo de avanzar con propósito transforma la manera de vivir. No importa si el progreso parece pequeño, lo importante es que es constante. La certeza de estar en la ruta correcta trae paz. Cada paso se convierte en testimonio de fe. Y cada paso con propósito glorifica a Dios.

Avanzar con propósito no significa caminar sin cansancio, sino caminar con sentido. El creyente entiende que todo tiene un fin eterno. Aun en medio de dificultades, el gozo permanece. Porque el gozo no depende de circunstancias, sino de la presencia de Dios. Y esa presencia es la mayor recompensa del camino.

El peligro de caminar sin un mapa confiable

(confusión cultural, guía humana sin base bíblica, pérdida de rumbo)

Muchos inician su viaje espiritual con entusiasmo, pero sin mapa confiable. El resultado es un andar lleno de incertidumbre y tropiezos. La cultura ofrece mapas alternativos que parecen prácticos, pero son engañosos. Seguirlos conduce a destinos equivocados. El único mapa confiable es la Palabra de Dios.

La confusión cultural presenta múltiples "verdades" que compiten con la verdad bíblica. Estas voces invitan a elegir lo que suena cómodo y popular. Sin embargo, la verdad de Dios no se negocia con tendencias. La cultura cambia, pero la Palabra permanece. Confiar en la cultura es aceptar un mapa cambiante.

Depender solo de guías humanos sin base bíblica también es peligroso. Aunque los líderes espirituales son importantes, nunca sustituyen la voz de Dios. Cuando seguimos hombres en lugar de seguir a Cristo, nos arriesgamos a caer en error. Un mapa humano puede desviar, aunque tenga buenas intenciones. Solo la Palabra garantiza dirección certera.

La pérdida de rumbo comienza con pequeños descuidos. Un grado de error al inicio puede llevar a kilómetros de distancia en la meta. Lo mismo sucede en lo espiritual: una desviación ligera termina en gran extravío. Por eso es vital revisar constantemente si seguimos el mapa correcto. No hacerlo es arriesgar el destino eterno.

Quien se aparta del mapa de Dios se expone a confusión y cansancio. Caminar sin dirección produce desgaste innecesario. El tiempo se malgasta en rutas equivocadas. Y lo peor es que, en lugar de avanzar, se retrocede. Caminar sin mapa es caminar sin esperanza.

La Palabra de Dios no solo da dirección, sino seguridad. El creyente que se aferra a ella camina con confianza. La Biblia no cambia con el tiempo ni con las modas. Es la voz firme que guía en medio de la confusión. El mapa de Dios nunca falla.

Seguir la cultura o depender de hombres puede sonar atractivo, pero es inestable. Lo que hoy parece seguro, mañana se desvanece. Lo que hoy se celebra, mañana se desecha. La Palabra, en cambio, trasciende generaciones. Y quien la sigue nunca se pierde.

El peligro de caminar sin mapa confiable es real, pero evitable. Basta con regresar a la Escritura y dejar que ella trace el rumbo. El creyente que confía en la Palabra no se deja engañar por imitaciones. Caminar con el mapa correcto asegura llegar a destino. Y el destino es Cristo mismo, la meta de nuestra fe.

Ajustar el rumbo: cómo la Palabra asegura la dirección

(evaluar, recalibrar, continuar)

En la navegación, detenerse para verificar la posición es vital. De igual manera, en la vida espiritual es necesario evaluar dónde estamos. Preguntarnos si nuestros pasos coinciden con la ruta de la Palabra es un acto de humildad. Evaluar no es dudar, es confirmar el camino. Sin evaluación, corremos el riesgo de continuar en error.

Recalibrar significa ajustar lo que se ha desviado. A veces son decisiones pequeñas que requieren corrección inmediata. Otras veces son hábitos que deben ser transformados. Recalibrar no es retroceder, es corregir la dirección para avanzar con precisión. El Espíritu Santo nos guía en ese proceso de ajuste.

La Palabra es el instrumento que revela dónde estamos y hacia dónde debemos ir. Es como el mapa que nunca pierde vigencia. Comparar nuestra vida con la Escritura nos muestra si estamos en línea con Dios. Allí descubrimos la necesidad de cambios concretos. La Palabra nunca falla en señalarnos el camino correcto.

Recalibrar también exige reconocer que solos no podemos. La gracia de Cristo nos sostiene en el proceso. No es perfección lo que Dios demanda, sino disposición. El que se deja guiar experimenta el poder de la corrección divina. El Espíritu Santo fortalece cada reajuste.

Continuar después de ajustar es la evidencia de madurez. No basta con darse cuenta del error; es necesario avanzar con nueva dirección. La corrección se convierte en impulso renovado. Quien ajusta su rumbo no se estanca, sino que progresa con más seguridad. Cada corrección nos acerca más al propósito eterno.

El cristiano que se detiene a evaluar, recalibrar y continuar vive con confianza. No teme perderse, porque sabe que siempre puede corregir. La vida cristiana no es caminar sin fallas, sino caminar dispuesto a ser corregido. Esa actitud mantiene el rumbo firme. Y el rumbo firme garantiza llegar a destino.

Dios se complace en el que busca reajustar su vida conforme a Su Palabra. Él honra al que se humilla para corregirse. Cada ajuste es una oportunidad de experimentar Su dirección. Y cada paso en obediencia trae bendición. Caminar con la Palabra es caminar con seguridad.

Ajustar el rumbo asegura que nunca terminemos fuera de destino. Cada vez que volvemos a la Palabra confirmamos que la ruta es la correcta. El Espíritu Santo ilumina el mapa y nos fortalece en la marcha. No hay pérdida cuando hay corrección. Y el rumbo en Cristo siempre termina en victoria.

Capítulo 2

El valor de la perseverancia

Hebreos 10:36

Porque os es necesaria la paciencia, para que habiendo hecho la voluntad de Dios, obtengáis la promesa.

La recompensa de continuar cuando es difícil

(carácter, fe probada, esperanza)

La vida cristiana no siempre se recorre en terreno plano, muchas veces hay montañas que escalar. La dificultad no es señal de abandono de Dios, sino parte del proceso formativo. La perseverancia forja carácter que no se compra ni se improvisa. Los que deciden continuar cuando todo parece adverso descubren fuerza en medio de la debilidad. Dios usa lo difícil para hacernos más fuertes en Él.

El carácter sólido se forma cuando el creyente no se rinde en medio de las pruebas. No se trata de negar el dolor, sino de enfrentarlo con fe. La perseverancia convierte la fragilidad en firmeza. Quien aprende a soportar en Cristo se vuelve un testimonio vivo de Su poder. El carácter probado se convierte en reflejo del carácter de Cristo.

La fe probada es un tesoro que no se obtiene sin perseverancia. Cada situación difícil se convierte en un laboratorio de confianza en Dios. Cuando la fe es probada y permanece, se fortalece como el oro purificado en fuego. El creyente perseverante no solo habla de fe, la vive. Y su fe firme inspira a otros a no rendirse.

La esperanza nace cuando la fe resiste. Perseverar no elimina la prueba, pero asegura que la prueba no elimina la esperanza. Quien sigue caminando en medio de la tormenta ve la luz de Cristo en el horizonte. Esa esperanza sostiene cuando los recursos se agotan. La perseverancia convierte lo imposible en oportunidad para confiar.

El que se rinde nunca verá el fruto de su esfuerzo. Pero el que continúa, aun con pasos cansados, alcanzará la promesa. La perseverancia es la diferencia entre los que abandonan y los que heredan. Dios no recompensa al más rápido, sino al que permanece. La meta no es del que inicia, sino del que llega. Y el llegar depende de perseverar.

La historia bíblica está llena de hombres y mujeres que perseveraron. Abraham esperó años por la promesa. José soportó traiciones y cárceles antes de ver su destino cumplido. David resistió persecuciones antes de ser rey. Ninguno de ellos recibió sin perseverar. La perseverancia fue la llave que abrió la puerta.

Cada paso de perseverancia es una semilla que dará fruto a su tiempo. Nada de lo hecho en obediencia a Dios es en vano. Aunque parezca que no sucede nada, la perseverancia está produciendo vida. Dios honra a los que no se detienen. Su recompensa siempre llega en el momento oportuno.

Continuar cuando es difícil revela dónde está puesta nuestra confianza. El que persevera demuestra que cree más en Dios que en las circunstancias. Perseverar es una declaración de fe en movimiento. Aunque el camino sea largo, la recompensa está asegurada. Y el valor de perseverar siempre supera el dolor de resistir.

El poder de los pasos pequeños y constantes

(disciplina diaria, progreso gradual, fidelidad)

La perseverancia no siempre se mide en grandes saltos, sino en pasos pequeños. Cada día ofrece la oportunidad de avanzar, aunque sea un poco. La disciplina de hoy asegura el progreso de mañana. Lo que parece insignificante se acumula en grandes victorias. El poder de los pasos constantes es que nunca se detienen.

La disciplina diaria transforma lo imposible en alcanzable. Un hábito de oración, de lectura bíblica o de servicio constante produce cambios reales. No se construye carácter de un día para otro, se construye paso a paso. La disciplina es la herramienta de los que no dependen de emociones. Y esa constancia trae resultados duraderos.

El progreso gradual es el camino de la madurez. Nadie alcanza la cima de inmediato, pero cada paso lo acerca a ella. Dios honra los esfuerzos constantes más que las emociones momentáneas. Crecer poco a poco produce raíces firmes. Y las raíces profundas resisten cualquier tormenta.

La fidelidad se demuestra en la constancia. Ser fiel no es hacer mucho un día, sino mantenerse en lo correcto todos los días. Dios busca siervos constantes más que siervos brillantes. La fidelidad en lo pequeño abre puertas a lo grande. Y el que persevera en lo pequeño será recompensado en lo eterno.

Los pasos pequeños tienen un poder multiplicador. Lo que hoy parece débil mañana será fuerte. Un paso de fe abre caminos que antes estaban cerrados. Lo que importa no es cuánto se avanza en un día, sino nunca dejar de avanzar. La perseverancia convierte lo ordinario en extraordinario.

Los creyentes que valoran los pasos pequeños entienden el ritmo del Reino. Jesús habló de la semilla de mostaza, pequeña, pero con gran crecimiento. Lo mismo sucede con nuestra fe y obediencia. Lo que parece mínimo tiene un impacto eterno. Y Dios se glorifica en lo sencillo que persevera.

La disciplina de un paso constante vence la inconstancia de los impulsos. El entusiasmo momentáneo se apaga, pero la constancia permanece. La fe firme se construye en la repetición de lo correcto. Así el carácter espiritual se fortalece día a día. Y esa constancia es la base del discipulado.

El poder de los pasos pequeños enseña que lo importante no es la velocidad, sino la dirección. Aunque sean pasos cortos, si van hacia Cristo, siempre serán fructíferos. La perseverancia transforma cada paso en victoria. Y el que avanza poco a poco llegará tan lejos como el que corre. Porque en la vida espiritual, lo que cuenta es no detenerse.

Mantener la mirada en la meta final

(meta eterna, visión del Reino, victoria en Cristo)

Perseverar se hace más fácil cuando los ojos están en la meta final. Las distracciones del camino se vuelven menos pesadas cuando se conoce el destino. La vida cristiana no es solo sobrevivir al presente, es avanzar hacia la eternidad. Quien fija su mirada en lo eterno no se enreda en lo temporal. La meta final da sentido al esfuerzo diario.

La meta eterna es estar con Cristo para siempre. Todo lo demás es pasajero en comparación con esa gloria. Pablo decía que los sufrimientos del tiempo presente no se comparan con la gloria venidera. Esa esperanza sostiene cuando todo lo terrenal se tambalea. Y esa visión eterna fortalece la perseverancia.

La visión del Reino es más grande que los deseos personales. Vivir para el Reino significa trabajar por lo que trasciende generaciones. La perseverancia cobra fuerza cuando se entiende que no todo depende de nosotros. El Reino de Dios avanza, aunque nosotros tropecemos. Y perseverar es colaborar con el avance de Su Reino.

Quien mira al Reino aprende a medir el éxito con otra vara. No se trata de popularidad o logros humanos. El verdadero éxito es permanecer fiel al llamado de Dios. La visión del Reino corrige ambiciones equivocadas. Y nos recuerda que lo que importa no es nuestra gloria, sino la de Cristo.

La victoria en Cristo es la certeza que motiva la perseverancia. No luchamos por ver si venceremos, luchamos porque ya tenemos la victoria en Él. Esa seguridad nos impulsa a seguir aun cuando parece que perdemos. La perseverancia se fortalece al recordar que Cristo ya venció. Y que nuestra meta es compartir esa victoria.

Perseverar mirando a Cristo evita que nos desenfoquemos. Pedro se hundió cuando quitó la mirada de Jesús y miró el viento. Lo mismo sucede con nosotros si miramos más los problemas que al Salvador. La fe se mantiene cuando los ojos están en Jesús. Y al mantenerlos en Él, seguimos caminando en victoria.

La meta eterna sostiene en los momentos de cansancio. Cuando parece que no vale la pena seguir, recordar el destino reaviva la fuerza. Saber que lo que hacemos tiene valor eterno da motivación para continuar. Perseverar con la meta en mente transforma la manera de vivir. Y convierte cada sacrificio en inversión eterna.

La perseverancia encuentra su fuerza en lo que se espera. Si lo que esperamos es terrenal, pronto nos cansaremos. Pero si lo que esperamos es eterno, nunca dejaremos de caminar. El creyente que fija sus ojos en Cristo no se rinde. Porque sabe que su victoria está asegurada en Él.

El cansancio que desvía del camino

(desánimo, distracciones, desgaste espiritual)

El cansancio es una de las armas más comunes del enemigo contra los creyentes. No siempre llega con tentaciones visibles, a veces llega como agotamiento silencioso. El corazón cansado pierde la motivación de seguir. La mente agotada pierde claridad para decidir. Y el cuerpo desgastado pierde fuerzas para avanzar.

El desánimo es fruto natural del cansancio. Cuando el ánimo decae, todo parece más difícil de lo que realmente es. El desánimo distorsiona la realidad, haciéndonos creer que estamos solos. El enemigo aprovecha ese momento para sembrar dudas. Y el creyente cansado corre el riesgo de detenerse.

Las distracciones aparecen con más fuerza cuando estamos agotados. Lo que normalmente resistiríamos, cansados lo aceptamos con facilidad. El cansancio disminuye la resistencia espiritual. En ese estado, lo secundario parece más atractivo que lo eterno. Y un corazón distraído pierde el rumbo.

El desgaste espiritual ocurre cuando se intenta vivir sin renovar fuerzas en Dios. Orar se convierte en rutina vacía, leer la Palabra en obligación. El alma desgastada pierde sensibilidad al Espíritu Santo. Y la vida espiritual se vuelve árida y sin dirección. El cansancio no atendido produce extravío.

El cansancio en sí no es pecado, pero ignorarlo puede llevarnos a caer. Dios conoce nuestra debilidad y nos invita a descansar en Él. La perseverancia no es resistencia humana ilimitada, es aprender a depender de la fuerza divina. El descanso en Dios renueva lo que el cansancio roba. Y convierte la debilidad en fortaleza.

El desánimo encuentra su remedio en las promesas de Dios. La Palabra recuerda que los que esperan en Jehová renovarán sus fuerzas. Esa esperanza es la medicina contra el desaliento. El creyente que se aferra a las promesas descubre que nunca está solo. Y el desánimo pierde poder frente a la verdad de Dios.

El desgaste espiritual se combate con comunión. La adoración, la oración y la lectura bíblica no son cargas, son fuentes de vida. Quien se conecta a la fuente siempre encuentra renovación. El Espíritu Santo es quien restaura el alma cansada. Y en Su presencia hay descanso verdadero.

El cansancio puede desviar del camino si no se enfrenta a tiempo. Reconocerlo no es debilidad, es sabiduría. Dios diseñó el descanso como parte del proceso de perseverar. Quien aprende a descansar en Dios sigue caminando con fuerza renovada. Y el camino vuelve a ser posible aun después del agotamiento.

Reabastecer fuerzas: la gracia como combustible

(descanso en Dios, oración, comunidad)

La perseverancia no depende solo de nuestra fuerza humana. La gracia de Dios es el combustible que mantiene al creyente en movimiento. Sin esa gracia, la carga sería demasiado pesada. Con ella, todo es posible. Perseverar es depender de lo que Dios provee cada día.

El descanso en Dios es un acto de confianza. No se trata de inactividad, sino de rendición. Descansar en el Señor es reconocer que no somos autosuficientes. Él renueva nuestras fuerzas cuando nos rendimos a Su voluntad. Y en Su descanso encontramos la energía para continuar.

La oración es la fuente constante de fortaleza. En ella el alma se desahoga y se recarga. La oración conecta al creyente con el poder de Dios. Allí se recibe dirección, paz y valentía. Y el que ora nunca camina solo en el camino.

La comunidad también es parte del reabastecimiento espiritual. Caminar acompañado fortalece cuando el cansancio golpea. La iglesia es el lugar donde unos sostienen a otros. La perseverancia se hace más llevadera en unidad. Y la carga se divide cuando hay hermandad.

La gracia se manifiesta en cada una de estas áreas. Descansar en Dios, orar y compartir con la comunidad son expresiones de ella. La perseverancia florece cuando la gracia sostiene. Y esa gracia no se agota porque proviene de Dios. La gracia es combustible inagotable para el camino.

El que persevera en la gracia no confía en sí mismo, sino en Cristo. Cada paso es un recordatorio de que todo viene de Él. La autosuficiencia agota, pero la dependencia en Dios fortalece. Por eso Pablo dijo: "Todo lo puedo en Cristo que me fortalece." Esa es la clave de perseverar.

La gracia no elimina la dificultad, pero cambia nuestra capacidad para afrontarla. El problema sigue, pero la fuerza para enfrentarlo se multiplica. El dolor puede continuar, pero la esperanza permanece. La gracia de Dios transforma lo imposible en soportable. Y lo soportable en motivo de gloria.

Reabastecer fuerzas en la gracia asegura que la perseverancia no se apague. Quien confía en su fuerza terminará cansado. Pero quien confía en la gracia llegará hasta el final. La perseverancia no es un esfuerzo humano solitario. Es la manifestación de la gracia divina en acción.

Capítulo 3
Verificar la brújula constantemente

Salmos 119:105

Lámpara es a mis pies tu palabra, y lumbrera a mi camino.

El hábito de revisar la dirección

(autoexamen, oración, Palabra)

La navegación enseña que un viajero sabio detiene su paso para verificar dónde está. El creyente necesita practicar el autoexamen constante de su vida espiritual. Revisar la dirección evita desviaciones que parecen pequeñas al inicio pero se vuelven grandes con el tiempo. El autoexamen no es desconfianza en Dios, es vigilancia sobre nuestro caminar. Un corazón humilde sabe reconocer dónde necesita corregir.

El autoexamen revela áreas que requieren cambio. Preguntarnos si nuestro andar refleja a Cristo es un acto de honestidad. El Espíritu Santo ilumina las intenciones ocultas del corazón. Allí se revela lo que debemos entregar a Dios. Y cuando nos dejamos examinar, el rumbo se mantiene claro.

La oración es parte vital de este proceso. En ella presentamos nuestro camino delante de Dios. El creyente pide dirección y espera la respuesta de lo alto. La oración conecta la brújula interior con la voluntad divina. Y en ese diálogo el rumbo se confirma.

Orar también evita depender solo de la lógica humana. Hay caminos que parecen rectos pero terminan en perdición. La oración filtra nuestras decisiones y revela los peligros ocultos. A través de ella, aprendemos a reconocer la voz del Pastor. Y al seguir esa voz, los pasos son seguros.

La Palabra es el mapa que se revisa constantemente. Cada vez que volvemos a ella, se aclara la dirección. Lo que parecía confuso se ilumina con la verdad bíblica. La Palabra revela si estamos alineados con el propósito divino. Sin ella, caminamos a ciegas.

Leer la Escritura no es un deber vacío, es un acto de orientación espiritual. Cada página es un recordatorio de la ruta que debemos seguir. La constancia en la lectura asegura que no se pierda el rumbo. La Palabra se convierte en la brújula que nunca falla. Y ella sostiene en cada estación de la vida.

El creyente que se examina, ora y lee la Palabra camina con claridad. No vive en incertidumbre, sino en confianza. Sus pasos son firmes porque tienen dirección. Y su dirección se basa en verdades eternas. Revisar constantemente el rumbo es la clave de llegar a destino.

Verificar la dirección no es una carga, es un hábito saludable. Igual que un navegante cuida su camino, el cristiano cuida su vida espiritual. No hacerlo es arriesgarse a desviarse sin darse cuenta. Pero quien se revisa vive con seguridad. Y esa seguridad lo sostiene en la ruta hacia Cristo.

Cómo los pequeños grados cambian el destino

(detalles, decisiones, consecuencias)

En la navegación, un error de un solo grado al inicio termina en kilómetros de desviación. Lo mismo ocurre en la vida espiritual. Pequeños descuidos en las decisiones pueden alejar al creyente de su destino eterno. Lo que parece insignificante hoy produce gran impacto mañana. Por eso debemos cuidar los detalles.

Los detalles revelan dónde está nuestro corazón. Una actitud descuidada en lo pequeño abre la puerta a fallos grandes. La fidelidad en lo mínimo es el entrenamiento para lo mayor. Cuando ignoramos lo pequeño, nos extraviamos lentamente. Pero cuando somos fieles, aseguramos el rumbo correcto.

Las decisiones marcan la ruta de nuestra vida. Cada elección es un paso en una dirección específica. Decidir con ligereza es caminar sin brújula. Pero decidir bajo la guía de Dios asegura destino eterno. Cada decisión debe someterse al filtro de la Palabra.

Una decisión equivocada no siempre muestra su efecto de inmediato. Como un barco que gira apenas un grado, el error se nota después de mucho tiempo. Por eso es peligroso confiar en lo momentáneo. Lo que hoy parece irrelevante puede definir nuestro mañana. Y las consecuencias revelan la importancia de elegir bien.

Las consecuencias no se pueden evitar, siempre llegan. Lo que sembramos tarde o temprano da fruto. El que siembra obediencia cosecha bendición, y el que siembra desobediencia cosecha dolor. Dios no puede ser burlado en este principio. Por eso la perseverancia en lo correcto es vital.

Cuidar los pequeños grados es una muestra de disciplina espiritual. Revisar constantemente las decisiones evita el extravío. Nadie se pierde de golpe, siempre comienza con un paso mal dado. Pero el que vigila cada paso asegura el destino. La vigilancia espiritual es la protección contra el engaño.

El Espíritu Santo guía también en los detalles. Él no solo se ocupa de lo grande, sino también de lo pequeño. Su voz suave nos advierte antes de desviarnos. Quien aprende a escucharla se libra de mucho dolor. Y así mantiene un rumbo firme.

Los pequeños grados importan porque definen el resultado final. No se trata de exagerar el control, sino de ser sensibles a Dios. Cada decisión debe alinearse con Su Palabra. Así aseguramos que el rumbo sea correcto. Y cuando cuidamos lo pequeño, Dios nos confía lo grande.

La seguridad de caminar en verdad

(certeza bíblica, paz interior, guía del Espíritu)

El creyente no camina en incertidumbre, camina en la seguridad de la verdad. La Palabra de Dios ofrece certeza en un mundo lleno de confusión. Cuando todo cambia, la Escritura permanece igual. Esa firmeza es la base de nuestra confianza. Caminar en verdad es caminar en paz.

La certeza bíblica es un regalo divino. No tenemos que depender de opiniones humanas. La Palabra nos da dirección clara y confiable. Su enseñanza no falla ni se contradice. Y en ella hallamos la claridad necesaria para decidir.

La paz interior es fruto de caminar en la verdad. El corazón no se agita cuando está seguro del camino. Aunque haya tormentas alrededor, la paz de Dios guarda el alma. Esa paz no depende de circunstancias, sino de la certeza de la verdad. Y esa certeza sostiene en medio de lo incierto.

El Espíritu Santo confirma la verdad en nuestro corazón. Su guía es coherente con la Escritura. Nunca habla en contradicción con lo que Dios ya reveló. Su testimonio interior da seguridad al creyente. Y esa seguridad fortalece el paso.

La verdad libera de la confusión del enemigo. La mentira esclaviza, pero la verdad ilumina. Caminar en mentira es caminar en oscuridad. Caminar en verdad es andar en libertad. Y esa libertad produce confianza.

La certeza bíblica, la paz interior y la guía del Espíritu trabajan juntas. Ninguna se contradice, todas apuntan a Cristo. Cuando se alinean, el creyente camina sin temor. Dios asegura el rumbo con Su verdad. Y esa seguridad no puede ser quebrantada.

Caminar en verdad no significa ausencia de lucha, sino firmeza en medio de ella. El creyente puede estar en tormenta y seguir seguro. Porque su seguridad no está en el mar, sino en la brújula divina. Y esa brújula nunca falla. La verdad de Dios es eterna.

La seguridad de caminar en verdad es una de las mayores bendiciones de la fe. Nos libra de inseguridad, ansiedad y duda. Da paz en medio de la confusión del mundo. Y asegura la llegada a nuestro destino eterno. Cristo mismo es la verdad que guía el camino.

Los engaños de una brújula mal calibrada

(emocionalismo, voces humanas, falsedad)

Una brújula desajustada siempre llevará a destinos equivocados. Lo mismo ocurre cuando nuestro corazón se guía por referencias incorrectas. Muchos confunden emociones intensas con dirección divina. Pero el emocionalismo puede ser engañoso. La fe verdadera se fundamenta en la Palabra, no en sentimientos pasajeros.

El emocionalismo crea una falsa seguridad. Lo que hoy emociona mañana decepciona. Basar decisiones en sentimientos es construir sobre arena. Cuando la tormenta llega, todo se derrumba. La verdad firme nunca depende de cómo nos sentimos.

Las voces humanas pueden sonar convincentes, pero no siempre son correctas. Muchos siguen a líderes o figuras influyentes sin evaluar sus enseñanzas. El problema es que una voz sin respaldo bíblico puede desviarnos. La brújula mal calibrada de la opinión humana nunca es confiable. Solo la voz de Dios es segura.

La falsedad espiritual también distorsiona la dirección. Profecías que no provienen de Dios, doctrinas torcidas y mensajes acomodados confunden. Una brújula espiritual contaminada guía al error. El creyente necesita discernir entre lo verdadero y lo falso. Y eso solo se logra con la Palabra.

El enemigo se aprovecha de las brújulas mal calibradas. Introduce engaños que parecen verdad, pero desvían lentamente. Un grado de error basta para alejarnos del destino correcto. Por eso es vital calibrar nuestra fe con la Escritura. Sin ella, estamos vulnerables al engaño.

Las emociones no son malas, pero no deben ser la brújula. Dios nos dio sentimientos, pero nunca para dirigir nuestra vida. La Palabra es el filtro que pone todo en orden. El Espíritu Santo confirma lo que viene de Dios. Así evitamos los desvíos.

La voz de Dios es clara para el que busca con sinceridad. No confunde ni contradice lo que ya está escrito. Su guía siempre apunta a Cristo. El creyente que la escucha camina con confianza. Y su rumbo permanece firme.

Una brújula mal calibrada produce dolor y confusión. Pero una brújula ajustada a la Palabra trae paz y seguridad. El creyente debe elegir en qué confiar. La verdad de Dios siempre corrige los errores. Y quien la sigue nunca se pierde.

Ajustar con precisión: la Biblia como punto de referencia

(volver a la Palabra, corregir, obedecer)

En la navegación, todo ajuste se hace comparando con un punto fijo. En la vida espiritual, ese punto fijo es la Palabra de Dios. Volver a la Biblia es asegurarnos de que nuestra brújula esté calibrada. Ella no cambia, no se distorsiona y no engaña. Es la referencia eterna para todo creyente.

Cada vez que volvemos a la Palabra corregimos el rumbo. Lo que parecía confuso se aclara bajo su luz. Las áreas débiles se fortalecen con su enseñanza. Dios nos guía a través de lo que ya reveló. Y esa guía nunca falla.

Corregir significa tomar decisiones concretas. No basta con reconocer que estamos desviados. El ajuste requiere acción. El arrepentimiento verdadero se traduce en cambios reales. Y esos cambios aseguran el retorno al camino.

La obediencia es la prueba de que el ajuste fue sincero. Quien escucha la Palabra, pero no la practica sigue perdido. Obedecer confirma que el corazón está dispuesto a seguir a Dios. La obediencia convierte dirección en avance. Y el avance es la evidencia de un rumbo correcto.

La Palabra tiene poder para enderezar vidas. Ningún desvío es demasiado grande para ella. Su luz ilumina incluso los caminos más oscuros. El creyente que la sigue experimenta restauración. Y descubre que siempre hay oportunidad de volver.

El ajuste requiere humildad para reconocer fallos. El orgullo nos hace creer que no necesitamos corrección. Pero la humildad abre la puerta al cambio. Dios honra al que se deja guiar. Y al humilde le concede claridad de rumbo.

Cada corrección fortalece al creyente. Lo que parecía un error fatal se convierte en aprendizaje. La experiencia de volver a la Palabra produce madurez. Y la madurez asegura que los errores no se repitan. El ajuste es parte del crecimiento.

Ajustar con precisión a la Palabra garantiza destino eterno. Ella es el punto fijo en medio de la confusión. Quien la sigue nunca se extravía. Y su obediencia lo lleva firme hasta la meta. En Cristo siempre hay dirección segura.

Capítulo 4
Progreso verdadero en el camino

Filipenses 3:14

Prosigo a la meta, al premio del supremo llamamiento de Dios en Cristo Jesús.

Diferenciar lo superficial de lo duradero

(emociones vs. convicciones, resultados vs. fruto, brillo vs. carácter)

El progreso verdadero no se mide por lo que se ve en un momento, sino por lo que permanece con el tiempo. Muchos confunden emociones pasajeras con convicciones firmes. Lo superficial puede dar la impresión de avance, pero pronto se desvanece. El crecimiento duradero se nota en la estabilidad de la fe. Y esa estabilidad proviene de Dios y no de la emoción humana.

Las emociones pueden motivar por un tiempo, pero no sostienen en la prueba. Una convicción, en cambio, permanece firme cuando la tormenta golpea. La convicción en Cristo es más fuerte que cualquier sentimiento. El creyente necesita raíces profundas que vayan más allá de lo emotivo. Y esas raíces se fortalecen en la Palabra.

Los resultados visibles no siempre reflejan verdadero progreso. Tener números grandes o actividades constantes no garantiza madurez. El fruto espiritual, en cambio, demuestra carácter probado. La paciencia, el amor y la fidelidad hablan más que las apariencias. Y esos frutos son la evidencia de que Dios está obrando.

Lo superficial busca aplausos rápidos, pero lo duradero produce testimonio. La diferencia está en quién recibe la gloria. Cuando se busca reconocimiento humano, el progreso es frágil. Pero cuando la gloria se dirige a Dios, el fruto permanece. La motivación correcta garantiza que el avance sea real.

El brillo exterior puede impresionar, pero no cambia el corazón. El carácter, en cambio, transforma la vida y la de quienes nos rodean. La verdadera medida del progreso está en lo que somos cuando nadie nos ve. El carácter define más que cualquier logro público. Y el carácter sólido solo se forma en comunión con Cristo.

Un creyente enfocado en lo duradero no se conforma con apariencias. Busca profundizar en la relación con Dios cada día. Esa búsqueda lo hace crecer de manera genuina. La autenticidad es el sello del progreso verdadero. Y esa autenticidad refleja a Cristo en toda circunstancia.

La diferencia entre lo superficial y lo duradero también se nota en el tiempo. Lo pasajero se desvanece pronto, lo eterno permanece para siempre. Las modas espirituales cambian, pero la verdad no. Por eso lo que está fundado en Cristo permanece firme. Y esa firmeza define el verdadero crecimiento.

El progreso verdadero es aquel que glorifica a Dios y permanece en la eternidad. Lo superficial puede engañar por un tiempo, pero no trasciende. Lo duradero transforma generaciones porque nace en Dios. Y lo que nace en Dios nunca se desvanece. Por eso necesitamos buscar lo eterno por encima de lo inmediato.

La alegría de crecer de adentro hacia afuera

(transformación interior, madurez, autenticidad)

El verdadero crecimiento espiritual comienza en lo invisible. No se trata primero de lo que otros ven, sino de lo que Dios está formando dentro de nosotros. El corazón es el lugar donde inicia la transformación real. Cuando el interior cambia, lo exterior se alinea en consecuencia. Y esa transformación produce gozo genuino.

La transformación interior es un proceso continuo. Dios trabaja en áreas profundas que no siempre queremos mostrar. El Espíritu Santo moldea nuestro carácter en lo secreto. Ese trabajo silencioso es la base de la madurez. Y sin él, cualquier avance es solo apariencia.

La madurez espiritual no se mide por la edad, sino por la obediencia. Un creyente maduro sabe discernir entre lo bueno y lo malo. Reconoce que crecer implica responsabilidad. La madurez se manifiesta en decisiones sabias. Y esas decisiones reflejan el progreso verdadero.

El crecimiento de adentro hacia afuera se nota en la autenticidad. El creyente auténtico no vive de máscaras ni apariencias. Su vida es coherente en público y en privado. La autenticidad es fruto de caminar en la verdad. Y esa verdad lo hace libre para ser genuino en Cristo.

Cuando el interior está en orden, el exterior refleja paz. No hay lucha por impresionar, sino deseo de glorificar a Dios. El carácter transformado se convierte en testimonio. Lo que se ve fuera es evidencia de lo que ocurre dentro. Y lo que ocurre dentro lo dirige el Espíritu Santo.

El gozo de crecer interiormente es mayor que cualquier reconocimiento externo. Saber que Dios está trabajando en nosotros trae paz. Esa paz nos sostiene cuando los demás no entienden nuestro proceso. Lo que importa no es la aprobación humana, sino la de Dios. Y esa aprobación se experimenta en el corazón.

La autenticidad también se nota en la forma en que tratamos a otros. Un corazón transformado produce acciones genuinas de amor. No se actúa por conveniencia, sino por obediencia. Esa autenticidad edifica a los que nos rodean. Y hace evidente que Cristo vive en nosotros.

Crecer de adentro hacia afuera asegura que nuestro progreso sea verdadero. Lo que comienza en el corazón se extiende a todas las áreas de la vida. Ese crecimiento es sólido porque Dios es quien lo produce. El Espíritu Santo nos cambia en lo secreto y lo muestra en lo visible. Y esa obra interior garantiza fruto eterno.

El fruto como señal de madurez

(amor, dominio propio, humildad)

El fruto es la evidencia de que la vida espiritual está creciendo. Jesús dijo que por sus frutos conoceremos a los verdaderos discípulos. El fruto no se improvisa, es resultado de madurez. No se trata de dones llamativos, sino de carácter transformado. Y ese carácter se revela en el día a día.

El fruto del amor es la señal más clara de madurez. Un creyente maduro ama más allá de las diferencias. Ese amor refleja el corazón de Cristo en acción. El amor sincero no busca beneficio propio, sino servir. Y ese amor es testimonio poderoso en el mundo.

El dominio propio también revela madurez espiritual. Controlar impulsos y emociones es señal de carácter firme. El Espíritu Santo produce esa templanza en quienes se rinden a Él. El dominio propio evita que caigamos en decisiones destructivas. Y asegura un testimonio coherente delante de los demás.

La humildad es fruto que distingue al creyente maduro. El orgulloso busca exaltación, pero el humilde honra a Dios. La humildad abre puertas que el orgullo cierra. Es la base para aprender y crecer en comunidad. Y muestra que nuestra confianza está en Cristo y no en nosotros mismos.

El fruto del amor, el dominio propio y la humildad hacen visible el carácter de Cristo. No se trata de perfección humana, sino de transformación divina. Cada uno de estos frutos fortalece nuestra vida espiritual. Y juntos demuestran que la madurez está en acción. Lo que se siembra en el Espíritu siempre produce fruto.

Los dones pueden impresionar, pero los frutos edifican. Un don sin fruto pierde impacto. El fruto asegura que los dones se usen con propósito correcto. Por eso Dios busca primero fruto antes que manifestaciones. Y el fruto verdadero permanece en el tiempo.

El creyente maduro entiende que el fruto no es opcional. Es la señal de que la vida de Dios fluye en nosotros. Quien no da fruto se estanca en inmadurez. Pero quien permanece en Cristo siempre da fruto abundante. Porque separados de Él nada podemos hacer.

El fruto como señal de madurez es lo que convence al mundo de la verdad del evangelio. No son los discursos ni las apariencias, sino el carácter transformado. Ese fruto impacta más que cualquier argumento. Y muestra que Dios sigue obrando en la vida de Sus hijos.

El espejismo del progreso aparente

(apariencia, popularidad, logros vacíos)

Hay quienes confunden movimiento con progreso. Hacer mucho no siempre significa avanzar en lo correcto. El espejismo del progreso aparente engaña al creyente. La apariencia externa puede parecer crecimiento, pero en realidad es vacío. Y ese vacío se descubre cuando llega la prueba.

La apariencia es peligrosa porque da falsa seguridad. El que aparenta crecimiento se conforma con impresionar a otros. Pero cuando se apagan las luces, su vida espiritual se revela débil. La apariencia nunca sostiene en el desierto. Solo la verdad de Cristo puede hacerlo.

La popularidad tampoco es sinónimo de madurez. Muchos confunden ser conocidos con ser aprobados por Dios. Pero la fama no garantiza fidelidad. Jesús mismo advirtió que muchos serían engañados por multitudes. Y que lo importante es permanecer en la verdad.

Los logros vacíos también producen ilusión de avance. Alcanzar metas humanas sin obediencia a Dios no es progreso verdadero. Se puede tener éxito exterior y ruina interior. Los logros que no glorifican a Dios son pasajeros. Y el creyente no debe medir su vida con parámetros del mundo.

El espejismo del progreso aparente se revela en tiempos de dificultad. Allí se nota qué es sólido y qué es frágil. Lo superficial se derrumba con el viento. Pero lo verdadero resiste las tormentas. La prueba siempre expone la realidad.

La apariencia, la popularidad y los logros vacíos son trampas del enemigo. Buscan distraer del verdadero propósito. Pero el creyente maduro las reconoce y no se deja engañar. Sabe que lo que brilla no siempre es lo que edifica. Y se enfoca en lo que glorifica a Dios.

El mundo celebra lo aparente, pero Dios honra lo verdadero. Lo que para los hombres parece grande, para Dios puede ser nada. Y lo que parece pequeño para el mundo, Dios lo llama grande. Su perspectiva es diferente a la nuestra. Y solo Su aprobación cuenta al final.

El espejismo del progreso aparente debe llevarnos a examinar la motivación. ¿Buscamos agradar a los hombres o a Dios? Esa pregunta define el rumbo de nuestra vida. El verdadero progreso busca la gloria de Cristo. Y esa gloria es la que permanece para siempre.

Medir con fidelidad: carácter como evidencia

(examen personal, fruto visible, aprobación divina)

El verdadero progreso espiritual no se mide por apariencia, sino por fidelidad. La fidelidad revela quiénes somos cuando nadie nos observa. Allí se prueba si caminamos con sinceridad. El carácter define el rumbo más que los logros visibles. Y ese carácter se forma en comunión con Dios.

El examen personal es necesario para evaluar nuestra fidelidad. Preguntarnos si nuestras motivaciones honran a Cristo es vital. El Espíritu Santo revela lo que no agrada a Dios. Ese autoexamen mantiene el rumbo en lo correcto. Y evita caer en la ilusión del progreso aparente.

El fruto visible confirma lo que ocurre en lo interno. Una vida transformada produce evidencia que otros pueden ver. No se trata de impresionar, sino de dar testimonio. El fruto muestra lo que las palabras no pueden demostrar. Y el fruto verdadero no engaña.

La aprobación divina es la medida final del progreso. Lo que importa no es lo que los hombres dicen, sino lo que Dios afirma. Caminar buscando Su aprobación nos libra de depender de la opinión ajena. Su voz es la que define nuestro éxito. Y su aprobación es eterna.

Medir con fidelidad significa vivir en coherencia. La vida pública y la privada deben ser iguales. La doble cara destruye el testimonio. Pero la integridad afirma la verdad del evangelio. Y esa integridad es fruto de caminar con Cristo.

El carácter es la evidencia que Dios busca. El mundo valora lo visible, pero Dios mira el corazón. Un corazón íntegro refleja la obra del Espíritu Santo. Y esa obra es el verdadero progreso. Nada exterior puede reemplazarlo.

La fidelidad en lo pequeño demuestra madurez en lo grande. Dios confía responsabilidades a quienes son fieles en lo mínimo. La perseverancia en obediencia asegura crecimiento. Y ese crecimiento honra al Señor. La fidelidad es la medida real del avance.

Medir con fidelidad asegura que no nos dejemos engañar por apariencias. El carácter probado es señal de progreso verdadero. Lo que importa no es cuánto logramos, sino cómo vivimos. Y vivir para agradar a Cristo es el mayor éxito. El progreso verdadero se mide en obediencia.

Capítulo 5

Mantener firmeza en medio de los desvíos

Efesios 4:14

Para que ya no seamos niños fluctuantes, llevados por doquiera de todo viento de doctrina, por estratagema de hombres que para engañar emplean con astucia las artimañas del error.

Reconocer senderos que quieren desviarnos

(doctrinas, modas, ideologías)

El camino cristiano está lleno de senderos que parecen correctos. No todos los caminos conducen al mismo destino. El creyente necesita discernir cuál es la ruta que se ajusta a la Palabra de Dios. Sin ese discernimiento, cualquier senda atractiva puede convertirse en trampa. Reconocer senderos falsos es el primer paso hacia la firmeza.

Las doctrinas equivocadas surgen como rutas falsas en un mapa. Parecen confiables porque algunos las siguen, pero no provienen de la verdad. Una doctrina sin base bíblica siempre conduce a la confusión espiritual. Aunque prometa bendición, al final roba firmeza al creyente. Solo la Palabra valida la veracidad de una enseñanza.

El peligro de las doctrinas falsas es que se disfrazan de verdad. Usan versículos fuera de contexto para ganar credibilidad. Prometen prosperidad inmediata o libertad sin disciplina. Sus promesas atraen, pero su destino es ruina espiritual. El cristiano que confirma todo con la Biblia nunca será engañado.

Las modas espirituales se parecen a senderos improvisados. Surgen de pronto y atraen multitudes. Se presentan como frescura, pero carecen de profundidad. Lo que hoy es novedad mañana se olvida. El que camina en modas termina cansado y vacío.

Seguir modas espirituales debilita el carácter del creyente. Cambiar de dirección constantemente produce inestabilidad. La emoción inicial desaparece pronto y deja frustración. La firmeza no se encuentra en lo novedoso, sino en lo eterno. Solo la Palabra asegura consistencia en el camino.

Las ideologías humanas parecen señales claras en medio de la ruta. Sin embargo, no siempre corresponden al norte verdadero. Mezclan razonamientos culturales con principios espirituales. Este sincretismo confunde y desvía del propósito divino. La brújula del cristiano debe ser Cristo, no la filosofía humana.

Las ideologías terminan creando una ruta paralela a la verdad. Ofrecen justicia sin Dios, paz sin arrepentimiento y progreso sin santidad. Aunque suenen razonables, su fin es alejamiento de

Cristo. El creyente firme no sigue voces humanas sin confirmar en la Escritura. La ideología nunca reemplaza al evangelio.

Reconocer senderos falsos da seguridad en la marcha. No se trata de vivir con temor, sino con claridad. Identificar el error fortalece la confianza en lo correcto. El creyente que sabe qué evitar avanza con más convicción. La firmeza se alimenta de discernimiento.

La fortaleza de mantener el azimut

(dependencia, fe firme, oración)

En la navegación terrestre, el azimut marca la dirección que asegura el destino. Sin él, el caminante se dispersa en cualquier rumbo. En lo espiritual, mantener el azimut es mantener la mirada fija en Cristo. Es la referencia que sostiene en medio de la confusión. El azimut claro evita el extravío.

La dependencia en Dios significa reconocer nuestras limitaciones. Sin Él, cada paso se convierte en inseguridad. El hombre que confía en su propio juicio termina extraviado. Dios guía con precisión a quienes dependen de Él. La humildad de depender trae firmeza en el camino.

Depender es consultar el mapa de la Palabra antes de avanzar. Es esperar en el consejo de Dios en lugar de correr por impulso. La dependencia no es debilidad, es sabiduría. El que depende camina seguro porque confía en el guía correcto. Cristo se convierte en compañero constante de ruta.

La fe firme es sostener la brújula cuando la vista engaña. El terreno puede parecer más fácil hacia otro lado. Pero la fe confía en lo que Dios dijo, no en lo que el ojo percibe. La fe fija el rumbo aunque la lógica diga lo contrario. El que vive en fe no se desvía.

La fe firme se fortalece en las pruebas. Los obstáculos no significan pérdida de rumbo. Son oportunidades para confirmar confianza en Dios. Cada paso en fe es un testimonio de estabilidad. La fe convierte tropiezos en peldaños hacia la meta.

La oración es detenerse a verificar dirección. Un viajero que nunca se detiene se arriesga a perder el rumbo. La oración permite escuchar al Espíritu Santo y corregir desvíos. Es el momento de recalibrar la brújula interna. La oración es esencial para la firmeza espiritual.

En la oración se confirma si los pasos coinciden con la Palabra. Dios habla y corrige en la intimidad. El que ora recibe fuerza y claridad para seguir. La oración no retrasa la marcha, la asegura. Cada oración es un alto que previene el extravío.

La fortaleza de mantener el azimut se basa en dependencia, fe y oración. Estas tres prácticas mantienen al creyente en dirección segura. Sin ellas, el rumbo se pierde fácilmente. Con ellas, la firmeza se fortalece. El que mantiene el azimut llega al destino eterno.

El testimonio de una ruta estable

(consistencia, ejemplo, integridad)

Un caminante firme se convierte en punto de referencia para otros. Su vida demuestra que es posible mantenerse en el rumbo correcto. El creyente estable no solo camina, también inspira. Su consistencia es evidencia de la verdad. La ruta estable es señal de madurez espiritual.

La consistencia significa avanzar sin abandonar el camino en cada obstáculo. El cristiano consistente no se dispersa con cada novedad. Permanece en la Palabra aun cuando otros vacilan. Su vida demuestra que la estabilidad es posible en Cristo. La consistencia es fruto de disciplina y fe.

La inconsistencia, en cambio, debilita el testimonio. El que hoy camina y mañana se desvía no inspira confianza. Una ruta cambiante genera dudas en quienes observan. Pero la consistencia da paz y credibilidad. El mundo necesita ver cristianos constantes.

El ejemplo es más poderoso que las palabras. Un caminante que vive lo que predica valida la ruta. El ejemplo genera confianza en la veracidad del camino. Es una señal visible de la eficacia del evangelio. El ejemplo abre puertas donde las palabras no llegan.

El ejemplo exige coherencia diaria. No se trata de momentos aislados, sino de vida continua. Quien se mantiene fiel en lo secreto demuestra autenticidad. El ejemplo constante refleja la gloria de Cristo. Ser ejemplo es un llamado para cada creyente.

La integridad es la unión entre lo que se dice y lo que se hace. Un creyente íntegro no cambia de rumbo en lo oculto. Vive con la misma firmeza en público y en privado. Su brújula no depende de la opinión humana. La integridad asegura dirección estable.

La falta de integridad lleva a la confusión. Un cristiano que aparenta firmeza pero vive en engaño se extravía. Su ruta no inspira, sino que confunde. La integridad es esencial para mantener el rumbo. Es la base del testimonio cristiano.

El testimonio de una ruta estable es fundamental en un mundo inconstante. Consistencia, ejemplo e integridad son marcas de firmeza. Quien las practica se convierte en señal para otros. El mundo necesita referencias verdaderas. Una ruta estable es luz en medio de la confusión.

Cómo los falsos caminos confunden

(atajos engañosos, guías falsos, confusión espiritual)

Los atajos parecen ofrecer una ruta más rápida. Prometen llegar antes con menos esfuerzo. Pero la mayoría de las veces terminan en pérdida. En la vida espiritual, los atajos nunca llevan a la meta. Solo la senda trazada por Dios asegura llegada.

Los atajos engañosos producen frustración. Lo que parecía un ahorro de tiempo se convierte en retroceso. Muchos creyentes terminan agotados en caminos inútiles. El atajo siempre roba energía y enfoque. No hay firmeza en rutas improvisadas.

Los guías falsos aparecen como expertos en el camino. Hablan con seguridad y convencen a muchos. Sin embargo, su confianza no está en el mapa verdadero. Su dirección conduce al error y al extravío. El guía falso no busca edificar, sino aprovechar.

El peligro de los guías falsos es su influencia. Arrastran a los inexpertos con palabras suaves. Prometen lo que Dios nunca dijo. Quien los sigue termina confundido y cansado. La única forma de identificarlos es compararlos con la Palabra.

La confusión espiritual es como un terreno lleno de señales contradictorias. Cada una apunta en dirección diferente. El creyente sin brújula termina perdido y agotado. La confusión roba paz y debilita la fe. Sin dirección clara, la ruta se convierte en caos.

La confusión se vence con la verdad. La Palabra desenmascara las señales falsas. El creyente que se aferra a la Escritura encuentra claridad. Cristo es el punto de referencia en medio de voces múltiples. La verdad siempre corta la confusión.

El creyente que fija su mirada en Cristo no se pierde. Aunque los caminos parezcan muchos, solo uno es verdadero. La fidelidad a la Palabra evita extravíos. Con brújula en mano, el cristiano mantiene firmeza. La claridad se encuentra en Jesús.

Los falsos caminos siempre estarán presentes. Pero no tienen poder sobre el que sigue al Pastor verdadero. La Escritura da seguridad en medio de la confusión. El Espíritu Santo guía al creyente fiel. Así, el camino se mantiene seguro hasta el fin.

Reajustar el rumbo: volver al camino seguro

(evaluar lo visto, recalibrar con la Palabra, continuar con firmeza)

El quinto paso en toda travesía es detenerse para evaluar. Después de ver senderos falsos, la importancia del azimut, la ruta estable y los falsos caminos, llega el momento de corregir. El reajuste asegura la llegada al destino. Sin corrección, la desviación aumenta. Evaluar es humildad en acción.

Evaluar implica mirar atrás para identificar errores. Tal vez fue una doctrina engañosa o una dependencia rota. Quizá fue falta de consistencia o seguir un guía falso. Identificar la causa es clave para no repetirla. Evaluar es reconocer dónde se perdió precisión.

La evaluación no condena, orienta. Es como revisar el mapa para confirmar la posición actual. Un creyente que evalúa se asegura de no perder tiempo. Cada revisión es oportunidad para rectificar. El que se detiene a evaluar avanza con más seguridad.

Recalibrar es alinear la brújula con el norte verdadero. Significa volver a la Palabra como medida exacta. Todo desvío se corrige cuando se compara con la Escritura. La recalibración exige obediencia y sinceridad. El creyente humilde acepta el ajuste.

Recalibrar a veces es doloroso. Implica abandonar caminos equivocados. Supone renunciar a costumbres que nos apartan de Cristo. Pero es necesario para recuperar firmeza. La corrección trae libertad.

Continuar con firmeza es la prueba de que el reajuste fue real. No basta con reconocer errores ni con recalibrar. Hay que seguir avanzando en la dirección correcta. La firmeza después de ajustar confirma madurez espiritual. Cada paso recto es testimonio de victoria.

Continuar significa levantarse con esperanza. El que corrige su rumbo no vive en condena. Dios honra al que se deja guiar. La firmeza se fortalece en la obediencia. Seguir caminando es la evidencia del reajuste.

Reajustar el rumbo es la clave de la firmeza. Sin corrección, todos terminamos fuera del destino. Pero con evaluación, recalibración y firmeza, la ruta se mantiene clara. El creyente que reajusta asegura su llegada. Cristo es el norte eterno que nunca cambia.

Capítulo 6

Señales confiables en el trayecto

Jeremías 6:16

Así dijo Jehová: Paraos en los caminos, y mirad, y preguntad por las sendas antiguas, cuál sea el buen camino, y andad por él, y hallaréis descanso para vuestra alma.

El valor de las sendas antiguas

(historia bíblica, ejemplos de fe, dirección segura)

Dios ha provisto a Su pueblo de señales confiables desde tiempos antiguos. Las sendas antiguas representan el camino probado por generaciones fieles. Ignorar la historia bíblica es perder referencias valiosas en nuestra travesía espiritual. Cada testimonio en la Escritura señala cómo caminar con Dios. Y cada historia nos recuerda que Su camino siempre es seguro.

La historia bíblica no es un relato muerto, es una guía viva. En ella encontramos cómo Dios dirigió a Abraham, Moisés, David y tantos más. Sus aciertos y errores nos instruyen en el presente. Mirar atrás nos ayuda a no repetir fallas. Y seguir sus ejemplos fortalece nuestro rumbo.

Los ejemplos de fe en la Escritura son señales claras. Ellos enfrentaron luchas similares a las nuestras y permanecieron firmes. Sus historias nos muestran que la perseverancia produce fruto. La fe que tuvieron es la misma que Dios nos ofrece hoy. Y su testimonio nos motiva a no rendirnos.

Las sendas antiguas también nos recuerdan que la verdad no cambia. Aunque las generaciones pasen, la Palabra de Dios permanece firme. Lo que fue válido para el pueblo de Israel sigue siendo válido para nosotros. No hay atajos que sustituyan la obediencia a Dios. Y ese camino antiguo es el que siempre trae descanso.

El creyente que valora las sendas antiguas no vive de novedades, sino de fundamentos. Su fe se basa en lo eterno y no en lo pasajero. Eso lo protege de los engaños modernos. Y lo mantiene anclado en la verdad que no caduca. Los fundamentos antiguos son los pilares del presente.

La dirección segura está en los principios establecidos por Dios. Lo que funcionó para Sus siervos en el pasado funciona hoy. La obediencia, la fe y la oración siguen siendo el camino. Los que se apartan de estas bases se extravían. Pero los que las honran encuentran estabilidad.

Seguir las sendas antiguas no significa vivir anclados en la nostalgia. Significa valorar lo eterno que nunca cambia. Significa entender que la verdad de Dios es suficiente para cualquier generación. Y que lo probado por siglos sigue siendo confiable. Esa confianza da seguridad en el trayecto.

El valor de las sendas antiguas está en que son inquebrantables. No dependen de modas ni culturas. Dependen de la fidelidad de Dios. Quien anda en ellas encuentra descanso para su alma. Y asegura llegar al destino eterno.

Distinguir entre señales verdaderas y falsas

(engaños, confusión, discernimiento)

En todo trayecto hay señales que guían, pero también imitaciones que confunden. Espiritualmente sucede lo mismo. El enemigo siembra señales falsas para desviar al creyente. Es vital distinguir entre lo verdadero y lo falso. Y solo con discernimiento espiritual podemos lograrlo.

Los engaños suelen disfrazarse de verdad. No siempre son evidentes, muchas veces se presentan como bienintencionados. El enemigo sabe que un error sutil puede causar gran extravío. Por eso debemos estar atentos a cada señal que seguimos. Y confirmar siempre si proviene de Dios.

La confusión es el resultado de confiar en señales falsas. Un creyente sin discernimiento termina dudando de todo. La falta de claridad paraliza el avance. Y la confusión abre la puerta al desánimo. Pero Dios no es autor de confusión, sino de paz.

El discernimiento espiritual es la clave para distinguir lo verdadero. No depende de lógica humana, sino del Espíritu Santo. Él nos recuerda la verdad de la Palabra. Y nos alerta cuando algo no proviene de Dios. Su voz es la brújula que revela el camino.

Las señales verdaderas siempre apuntan a Cristo. Nunca contradicen la Escritura ni promueven orgullo humano. El engaño, en cambio, aleja de la cruz y del carácter de Cristo. Esa es la prueba más clara para distinguirlas. Lo que no refleja a Cristo no es confiable.

Seguir señales falsas trae consecuencias graves. Produce desgaste, confusión y desviación espiritual. Muchos han perdido años siguiendo lo incorrecto. Pero Dios siempre ofrece la oportunidad de volver. La clave es discernir y corregir a tiempo.

El discernimiento se cultiva en oración y en la Palabra. No es un don para unos pocos, es una disciplina para todo creyente. Cuanto más buscamos a Dios, más clara se vuelve Su voz. Y cuanto más escuchamos Su Palabra, menos espacio hay para la mentira. La verdad ilumina cada paso.

Distinguir entre señales verdaderas y falsas asegura un trayecto firme. El creyente que discierne no se deja arrastrar por emociones. Vive enfocado en Cristo y guiado por la verdad. Y esa claridad lo protege de extravíos. El discernimiento es el escudo contra el engaño.

Cuando ignoramos las señales del camino

(orgullo, descuido, consecuencias)

Ignorar las señales en la navegación es arriesgarse a perderse. En lo espiritual sucede igual. Dios coloca advertencias claras, pero muchos las desatienden. El orgullo hace creer que podemos avanzar sin dirección. Y ese error siempre trae consecuencias.

El orgullo ciego al creyente frente a las advertencias. Piensa que ya sabe lo suficiente y no necesita corrección. Pero esa autosuficiencia es peligrosa. Tarde o temprano, el orgullo lleva a la caída. Y la falta de humildad abre la puerta al extravío.

El descuido también es causa de ignorar las señales. Un corazón distraído no presta atención a lo que Dios está mostrando. La prisa y el ruido de la vida hacen que se pasen por alto instrucciones importantes. Pero la negligencia espiritual siempre cobra factura. Y el descuido lleva a rutas peligrosas.

Las consecuencias de ignorar las señales son inevitables. Un error pequeño puede convertirse en gran pérdida. Lo que pudo evitarse se convierte en sufrimiento. Dios en Su misericordia corrige, pero las cicatrices permanecen. Y esas cicatrices nos recuerdan la importancia de obedecer.

El orgullo y el descuido no solo afectan al individuo. También impactan a quienes lo rodean. La familia, la iglesia y los amigos pueden sufrir por nuestras decisiones equivocadas. Nadie camina solo, todos influimos en otros. Y por eso ignorar señales es un error de grandes dimensiones.

Dios, en Su amor, repite señales para llamar nuestra atención. Muchas veces insiste con paciencia antes de disciplinar. Su deseo no es destruir, sino corregir. Pero si persistimos en ignorar, las consecuencias llegan. Y entonces aprendemos por dolor lo que pudimos aprender por obediencia.

El creyente sabio reconoce a tiempo que no puede avanzar solo. Escucha las advertencias divinas y las obedece. Entiende que la voz de Dios es protección. Y que Sus señales son guías de amor, no de restricción. La obediencia a tiempo ahorra mucho dolor.

Ignorar las señales del camino es insensatez. Dios las colocó para protegernos y mantenernos firmes. Atenderlas asegura dirección segura. Despreciarlas abre la puerta a la confusión. Y la humildad es la llave para obedecerlas.

El peligro de buscar atajos

(impaciencia, conveniencia, pérdida de rumbo)

El deseo de avanzar rápido puede llevar a buscar atajos peligrosos. La impaciencia es enemiga del progreso verdadero. En la vida espiritual, los atajos representan intentos de alcanzar bendición sin obediencia. Pero todo lo que se obtiene fuera del tiempo de Dios se desvanece. Y el creyente termina perdiendo más de lo que gana.

La impaciencia empuja a ignorar el proceso. Muchos quieren resultados inmediatos sin pasar por la formación. Pero Dios trabaja en procesos, no en impulsos. La prisa conduce a decisiones equivocadas. Y esas decisiones producen heridas profundas.

La conveniencia también impulsa a buscar caminos fáciles. Se elige lo cómodo sobre lo correcto. Pero lo cómodo nunca forma carácter. Solo la obediencia produce madurez. Y sin madurez no hay firmeza para perseverar.

La pérdida de rumbo es la consecuencia de buscar atajos. Lo que parecía un avance rápido termina en extravío. El camino verdadero puede parecer largo, pero es seguro. Los atajos llevan a la confusión y al retroceso. Y alejan al creyente de la voluntad de Dios.

El enemigo ofrece atajos como tentaciones atractivas. Promete bendiciones rápidas y sin esfuerzo. Pero esas ofertas son trampas disfrazadas. Todo lo que contradice la Palabra es un engaño. Y aceptar esos atajos es caer en sus redes.

Los atajos también debilitan la fe. Evitan que aprendamos a depender de Dios en el proceso. Nos hacen confiar en nuestras propias fuerzas. Y esa confianza termina en fracaso. La fe se fortalece solo en el camino de obediencia.

El creyente que aprende a esperar en Dios no necesita atajos. Confía en que Su tiempo es perfecto. Reconoce que lo que tarda en llegar se valora más. Y que lo que Dios da permanece. La paciencia sostiene en medio de la espera.

El peligro de buscar atajos es real, pero evitable. Basta con confiar en la dirección de Dios. Él nunca llega tarde ni se equivoca. Su camino puede ser más largo, pero siempre es seguro. Y caminar en obediencia asegura destino eterno.

Volver a las señales confiables

(Palabra, Espíritu Santo, comunidad)

En medio de tanta confusión, Dios siempre ofrece señales confiables. Volver a ellas es la clave para ajustar el rumbo. La Palabra, el Espíritu Santo y la comunidad son referencias seguras. Con ellas el creyente nunca se pierde. Y siempre halla dirección firme.

La Palabra de Dios es la señal más clara. Es lámpara y lumbrera en el trayecto. Ella revela la voluntad divina en cada situación. No se contradice ni se desgasta. Y siempre apunta hacia Cristo como el camino verdadero.

El Espíritu Santo confirma la dirección en nuestro interior. Nos guía a toda verdad y nunca confunde. Su voz corrige con amor y advierte con claridad. Escucharle es vital para no desviarnos. Y obedecerle asegura caminar en la voluntad de Dios.

La comunidad de fe también es una señal confiable. Los hermanos en Cristo edifican, corrigen y animan. Dios usa la iglesia para protegernos del error. La vida en comunión nos ayuda a mantenernos firmes. Y en la unidad encontramos fortaleza.

Volver a estas señales implica humildad. Reconocer que no podemos solos es el inicio del reajuste. La autosuficiencia nos lleva al error. Pero la dependencia en Dios nos devuelve al rumbo. Y Su gracia nos restaura en el camino.

El creyente que ajusta su rumbo en la Palabra, el Espíritu y la comunidad camina seguro. No vive a la deriva, sino con propósito claro. La firmeza no depende de sí mismo, sino de Dios. Y esa dependencia lo protege de los engaños. El rumbo se mantiene claro.

Dios siempre está dispuesto a guiar a quienes buscan Sus señales. Nunca deja sin dirección a los que confían en Él. Cada paso corregido es una muestra de Su misericordia. Y cada ajuste asegura mayor madurez. La corrección es evidencia de Su amor.

Volver a las señales confiables es la garantía de llegar al destino. La Palabra ilumina, el Espíritu dirige y la comunidad sostiene. Con estas tres guías el creyente no se pierde. El trayecto se vuelve seguro aun en tiempos difíciles. Y la meta eterna está asegurada en Cristo.

Capítulo 7

Mantener el mapa a la vista

Salmos 119:9

¿Con qué limpiará el joven su camino? Con guardar tu palabra.

El riesgo de caminar sin mapa

(confusión, extravío, dependencia humana)

En la navegación, avanzar sin mapa es arriesgarse a perderse en cualquier momento. Lo mismo sucede en la vida cristiana cuando se intenta caminar sin la Palabra. El creyente que vive guiado solo por lo que siente pronto se extravía. La confusión se vuelve constante cuando no hay una referencia segura. Y el rumbo se vuelve incierto hasta perder dirección.

La confusión espiritual nace cuando se ignora el mapa de Dios. Las emociones y las opiniones humanas sustituyen la verdad eterna. Sin la Palabra, las decisiones se vuelven inestables. Lo que hoy parece correcto mañana resulta dañino. Y el creyente termina enredado en caminos que no conducen a la vida.

El extravío es el resultado inevitable de caminar sin mapa. No importa cuán sincero sea el corazón, sin dirección clara siempre habrá desvío. Muchos inician bien, pero se pierden en el trayecto por descuidar la Escritura. Lo que comienza como una pequeña desviación se convierte en gran error. Y al final, la falta de mapa destruye el propósito.

La dependencia humana también lleva a la pérdida de rumbo. Confiar más en personas que en la Palabra abre la puerta al fracaso. Aun los líderes más fieles pueden equivocarse. Pero la Palabra nunca falla ni se contradice. Por eso debe ser nuestra guía principal en todo momento.

Un camino sin mapa es un viaje sin seguridad. Cada paso se convierte en incertidumbre. La vida espiritual pierde firmeza cuando no se basa en la Escritura. Y el creyente queda expuesto a cualquier viento de doctrina. Sin mapa, la confusión es inevitable.

El enemigo aprovecha la falta de referencia. Introduce señales falsas que parecen verdaderas. Sin la Palabra como filtro, el error se acepta fácilmente. Lo que aparenta ser luz resulta en oscuridad. Y el creyente queda atrapado en la mentira.

El mapa de Dios no es opcional, es esencial. La Biblia fue dada para guiar cada aspecto de nuestra vida. Ignorarla es despreciar la dirección divina. Y depender solo de nuestra lógica es un error fatal. Porque el corazón humano es engañoso sin la verdad de Dios.

El riesgo de caminar sin mapa debe alertarnos. Dios no nos dejó a la deriva, nos dio Su Palabra como guía segura. Cuando ella se ignora, el camino se convierte en peligro. Pero cuando se sigue, el rumbo es firme. Y el destino eterno está asegurado.

Cómo el mapa revela peligros ocultos

(advertencias, discernimiento, protección)

Un buen mapa no solo indica la ruta, también señala los peligros. La Palabra cumple esa función en la vida cristiana. Nos advierte de trampas que no vemos a simple vista. Señala los riesgos que parecen atractivos. Y revela lo que puede desviarnos del propósito de Dios.

Las advertencias bíblicas son señales de amor. Dios no busca limitarnos, sino protegernos. Cada mandamiento es una muralla contra el error. Lo que parece restricción es en realidad cuidado. Y obedecer esas advertencias asegura seguridad.

El discernimiento crece al estudiar la Palabra. Ella revela la diferencia entre lo verdadero y lo falso. Un corazón lleno de Escritura distingue con claridad. Y ese discernimiento es vital en tiempos de engaño. Porque muchos camuflan mentira con apariencia de verdad.

La protección espiritual se activa al obedecer el mapa. No basta con conocerlo, hay que caminar según sus indicaciones. Quien aplica la Palabra evita heridas innecesarias. Se libra de caer en trampas del enemigo. Y camina con firmeza en la dirección correcta.

Los peligros ocultos suelen estar disfrazados. El pecado nunca se presenta en su forma más destructiva. Siempre busca parecer atractivo para seducir. Pero la Palabra arranca el disfraz y lo expone. Y esa exposición nos salva de caer en la trampa.

El mapa de Dios nos recuerda que no podemos confiar en nuestra percepción. Lo que parece seguro puede ser un precipicio oculto. Solo la Palabra ilumina lo que está en la oscuridad. Su verdad es el faro que evita naufragios. Y su luz protege nuestra vida.

El creyente que camina con el mapa no teme los peligros. Sabe que las advertencias son para su bien. Vive alerta pero no inseguro. La confianza en la Palabra lo protege de tropezar. Y lo mantiene firme en el propósito eterno.

El mapa revela lo que los ojos no ven. Nos recuerda que Dios conoce el camino mejor que nosotros. Él ha provisto instrucciones claras para todo trayecto. Y obedecerlas nos libra de muchos dolores. La Palabra es protección segura en medio del engaño.

Cuando el mapa se convierte en adorno

(religiosidad, indiferencia, superficialidad)

Tener un mapa y no usarlo es igual a no tenerlo. Muchos cristianos poseen Biblias, pero las mantienen cerradas. El peligro no está en la ausencia de la Palabra, sino en la indiferencia hacia ella. Convertirla en adorno es despreciar la voz de Dios. Y ese descuido conduce al estancamiento espiritual.

La religiosidad se conforma con poseer el mapa sin leerlo. Se enorgullece de tener la Biblia, pero no la obedece. Esa actitud crea una falsa seguridad. Porque no transforma la vida, solo llena de apariencia. Y la apariencia no sostiene en la prueba.

La indiferencia hacia la Palabra también apaga la sensibilidad espiritual. Un corazón que no la lee se vuelve duro. La voz del Espíritu se apaga frente al descuido. Y el creyente vive desconectado de la dirección divina. La indiferencia abre espacio a la confusión.

La superficialidad trata la Biblia como un libro más. Se la lee de manera apresurada, sin buscar profundidad. Se escuchan versículos aislados, pero no se aplican. Esa falta de compromiso debilita la fe. Y deja al creyente sin raíces profundas.

Un mapa usado como adorno nunca cumple su propósito. No indica dirección ni corrige errores. Solo decora, pero no transforma. La Palabra no fue dada para exhibirse, sino para obedecerse. Y su poder se activa al ponerla en práctica.

El enemigo no necesita quitarnos la Biblia, solo distraernos de ella. Sabe que un creyente con la Palabra cerrada es un creyente vulnerable. La falta de uso es tan peligrosa como la falta de acceso. Porque la indiferencia deja espacio para el engaño. Y debilita la vida espiritual.

La religiosidad, la indiferencia y la superficialidad son trampas comunes. Todas convierten la Palabra en un adorno inútil. Pero Dios nos llama a abrirla, leerla y vivirla. Solo así se convierte en mapa confiable. Y solo así guía al creyente en la travesía.

Convertir la Biblia en adorno es olvidar que en ella está la vida. Sus palabras son espíritu y son verdad. No son letras muertas, son dirección divina. La diferencia está en cuánto la aplicamos. Y al vivirla, se revela como el mapa que transforma.

Interpretar el mapa con claridad

(hermenéutica, contexto, obediencia)

Un mapa mal interpretado puede llevar a un lugar equivocado. En lo espiritual, una interpretación errada de la Palabra produce confusión. Por eso es vital estudiar con claridad y responsabilidad. La Escritura debe entenderse en su contexto y no en fragmentos aislados. Solo así se convierte en guía segura.

La hermenéutica nos ayuda a leer correctamente la Palabra. No se trata de imponer ideas personales, sino de descubrir lo que Dios quiso decir. Interpretar con fidelidad evita errores graves. Y asegura que el mensaje sea aplicado con verdad. La correcta interpretación es un acto de reverencia.

El contexto bíblico siempre debe respetarse. Un versículo separado de su entorno pierde sentido. Muchos errores doctrinales nacen de usar la Palabra fuera de contexto. Pero cuando se estudia con cuidado, la verdad se revela. Y esa verdad protege contra engaños.

La obediencia es la clave final de toda interpretación. No basta con entender lo que dice, hay que vivirlo. La Palabra cobra vida cuando se convierte en acción. El conocimiento sin obediencia es estéril. Pero la obediencia asegura transformación.

La claridad en la interpretación también fortalece el testimonio. Una vida alineada a la Palabra convence más que mil argumentos. El mundo ve la coherencia entre lo que decimos y vivimos. Y esa coherencia glorifica a Dios. La interpretación correcta siempre apunta a Cristo.

El creyente que estudia con claridad se convierte en instrumento de edificación. Sus palabras no confunden, sino iluminan. Su ejemplo enseña tanto como su explicación. Y su fidelidad a la Palabra inspira confianza. Esa fidelidad es fruto de un corazón humilde.

El Espíritu Santo ilumina nuestra mente al estudiar la Palabra. No se trata solo de conocimiento intelectual. Es revelación viva que transforma el corazón. Él confirma lo que proviene de Dios y corrige lo que no. Y su guía asegura interpretación correcta.

Interpretar con claridad es responsabilidad de todo creyente. La Palabra no fue escrita para confundir, sino para guiar. Estudiarla con humildad nos libra del error. Y obedecerla nos mantiene en la ruta correcta. La claridad asegura firmeza en el trayecto.

Usar el mapa como guía diaria

(lectura constante, aplicación, dependencia)

El mapa de Dios fue diseñado para usarse cada día. No es un recurso ocasional, es la guía permanente del creyente. La lectura constante mantiene el rumbo firme. Cada día la Palabra ofrece dirección fresca. Y cada día se convierte en alimento para el alma.

La aplicación práctica es lo que da valor al mapa. No basta con leerlo, hay que vivirlo. La Palabra debe reflejarse en nuestras decisiones diarias. Allí se nota si realmente creemos lo que dice. La aplicación convierte letras en transformación.

La dependencia en la Palabra es señal de madurez. Reconocer que no podemos vivir sin ella fortalece el carácter. Cada paso debe ser filtrado por lo que Dios ya reveló. Esa dependencia asegura estabilidad. Y evita que caminemos en confusión.

La lectura constante crea sensibilidad espiritual. La voz de Dios se escucha con mayor claridad cuando estamos expuestos a Su Palabra. Ella nos entrena a discernir entre lo verdadero y lo falso. Cada versículo abre el entendimiento. Y cada lectura fortalece la fe.

Aplicar la Palabra requiere disciplina y valentía. Disciplina para obedecer aun cuando no entendemos todo. Valentía para practicarla aun cuando el mundo la rechaza. Esa práctica confirma nuestra lealtad a Cristo. Y asegura que nuestra vida dé fruto.

La dependencia en el mapa de Dios no es debilidad, es sabiduría. El que reconoce su necesidad de la Palabra camina con firmeza. No confía en sí mismo, confía en la verdad eterna. Esa humildad abre la puerta a la dirección divina. Y esa dirección evita el extravío.

El mapa de Dios se convierte en compañía constante. En la mañana nos orienta, en la tarde nos corrige y en la noche nos sostiene. Es voz de esperanza y guía de seguridad. Sin importar la estación, la Palabra siempre es útil. Y nunca deja de ser relevante.

Usar el mapa como guía diaria asegura un rumbo firme. Nos libra de los desvíos y nos fortalece en la fe. Hace de cada paso un acto de obediencia. Y convierte la vida en un reflejo de Cristo. Con la Palabra como mapa, el destino eterno está seguro.

Capítulo 8
Evitar desvíos en el trayecto

Isaías 30:21

Entonces tus oídos oirán a tus espaldas palabra que diga: Este es el camino, andad por él; y no echéis a la mano derecha, ni tampoco torzáis a la mano izquierda.

Reconocer los desvíos sutiles

(pecado oculto, descuidos pequeños, complacencias)

El enemigo rara vez presenta un desvío de manera evidente. Sus trampas suelen ser sutiles, casi imperceptibles al inicio. Un pecado oculto o un descuido pequeño pueden parecer inofensivos. Sin embargo, con el tiempo, esa grieta crece hasta desviarnos por completo. Lo que comienza con poco se convierte en mucho cuando se tolera.

El pecado oculto mina la vida espiritual desde dentro. Aunque no se vea públicamente, debilita la comunión con Dios. La falta de confesión y arrepentimiento abre la puerta al enfriamiento. Lo que parece secreto siempre trae consecuencias visibles. Y la única solución es exponerlo a la luz de Cristo.

Los descuidos pequeños también se convierten en grandes desvíos. Descuidar la oración, la lectura bíblica o la comunión con la iglesia afecta la vida espiritual. Poco a poco, el corazón se enfría sin que se note. Esos descuidos crean distancia entre Dios y nosotros. Y al final, producen confusión y extravío.

La complacencia es otro desvío sutil. Cuando el creyente se conforma con el mínimo esfuerzo espiritual, se estanca. La comodidad sustituye la pasión por Dios. Lo que parecía suficiente se convierte en mediocridad. Y la mediocridad abre espacio al engaño.

Reconocer los desvíos sutiles requiere humildad. Muchas veces no queremos admitir que hemos bajado la guardia. Pero el Espíritu Santo alumbra nuestras áreas débiles. Él muestra dónde necesitamos corrección. Y Su voz nos guía de vuelta al camino recto.

El problema de los desvíos pequeños es que se normalizan. Lo que antes nos incomodaba comienza a parecer normal. La conciencia se adormece frente al error. Y el corazón se acostumbra a lo incorrecto. Esa normalización es señal clara de desviación.

Un creyente que desea permanecer en el camino debe estar alerta. No puede ignorar los detalles ni justificar descuidos. Debe cuidar cada paso con diligencia. Porque los pasos pequeños son los que determinan la dirección. Y un grado de error basta para perder el destino.

Reconocer los desvíos sutiles es el primer paso para evitarlos. Dios nos llama a examinar el corazón cada día. Nos recuerda que la santidad incluye las áreas ocultas. Y que la fidelidad se demuestra en lo pequeño. El que se mantiene atento a los detalles se mantiene en el camino correcto.

La atracción de caminos fáciles

(placer inmediato, conveniencia, atajos)

El corazón humano siempre se siente atraído por lo fácil. Los caminos que ofrecen placer inmediato parecen más atractivos. La conveniencia se convierte en tentación constante. Pero lo fácil rara vez es lo correcto en la vida espiritual. Y lo que comienza como alivio termina en extravío.

El placer inmediato promete satisfacción, pero deja vacío. El pecado ofrece deleite por un momento, pero siempre cobra un precio alto. El creyente que se deja guiar por lo que se siente bien pronto cae en esclavitud. El gozo momentáneo no compensa la pérdida eterna. Y el placer engañoso se convierte en ruina.

La conveniencia también desvía el corazón. Elegir lo cómodo en vez de lo correcto produce mediocridad espiritual. Se buscan excusas para evitar la disciplina y la obediencia. Pero lo conveniente no desarrolla carácter. Solo la fidelidad a Dios fortalece la vida.

Los atajos prometen llegar más rápido, pero llevan a lugares equivocados. Espiritualmente, representan intentar recibir bendición sin obediencia. Nadie puede recibir fruto duradero fuera del tiempo de Dios. Los atajos siempre terminan en frustración. Y el creyente pierde más de lo que gana.

El camino fácil es atractivo porque no exige sacrificio. Pero el evangelio nos recuerda que seguir a Cristo implica cruz. La vida cristiana no es ausencia de esfuerzo, es dependencia de Dios. Y esa dependencia requiere negarnos a nosotros mismos. El camino fácil nunca lleva al cielo.

Los caminos fáciles también confunden a quienes nos rodean. Cuando un creyente se conforma con lo superficial, da mal testimonio. Sus decisiones arrastran a otros al error. Y lo que parecía elección personal afecta a toda la comunidad. El ejemplo siempre tiene impacto.

El creyente debe reconocer que lo fácil no siempre es lo correcto. Lo que cuesta es lo que realmente transforma. El sacrificio produce fruto eterno. Y la obediencia, aunque difícil, asegura bendición. Lo fácil engaña, pero lo correcto edifica.

La atracción de caminos fáciles es un desvío peligroso. Pero Dios fortalece a quienes deciden obedecer. Su gracia capacita para rechazar lo inmediato y esperar lo eterno. Y esa paciencia asegura firmeza en la fe. Lo eterno siempre vale más que lo pasajero.

El engaño de señales distorsionadas

(falsos maestros, doctrinas torcidas, confusión espiritual)

En el trayecto espiritual, no todas las señales apuntan al camino correcto. El enemigo distorsiona las señales para confundir al creyente. Usa falsos maestros que enseñan doctrinas torcidas. Sus palabras suenan espirituales, pero contradicen la Escritura. Y el resultado es confusión espiritual.

Los falsos maestros buscan seguidores, no discípulos de Cristo. Su mensaje se centra en agradar al oído y no en confrontar el pecado. Prometen bendición sin obediencia y gloria sin cruz. Pero su enseñanza lleva a la ruina. Y quienes los siguen terminan lejos de la verdad.

Las doctrinas torcidas siempre se basan en medias verdades. Mezclan Escritura con filosofía humana para engañar. Esa mezcla confunde al creyente inmaduro. Lo que parece luz es en realidad oscuridad. Y esa oscuridad aparta del camino de vida.

La confusión espiritual es la consecuencia de seguir señales distorsionadas. El creyente pierde claridad y firmeza. Ya no sabe qué creer ni en qué confiar. La duda se convierte en tormento constante. Y el rumbo se pierde entre tantas voces.

El engaño no siempre es evidente al principio. Puede parecer correcto y hasta piadoso. Pero con el tiempo, sus frutos revelan falsedad. Lo que contradice la Palabra no proviene de Dios. Y lo que no edifica, destruye.

El discernimiento es la única defensa contra las señales distorsionadas. El creyente necesita la guía del Espíritu Santo. Él revela lo que es falso y confirma lo verdadero. El que busca a Dios con sinceridad no será confundido. Porque Su luz disipa toda mentira.

Los falsos maestros no desaparecerán, pero no deben dominar nuestra fe. La iglesia debe mantenerse alerta y firme en la Palabra. Solo así se evita caer en sus trampas. La fidelidad a Cristo protege contra el engaño. Y la obediencia asegura firmeza en la verdad.

El engaño de señales distorsionadas es real, pero evitable. Dios no deja a Su pueblo sin dirección. Su Palabra sigue siendo clara y suficiente. El Espíritu Santo sigue guiando a toda verdad. Y quien permanece en Cristo nunca se perderá.

Cuando la distracción sustituye la dirección

(ruido, prioridades equivocadas, estancamiento)

La distracción es uno de los desvíos más comunes en el camino. El enemigo sabe que si no puede destruirnos, intentará distraernos. El ruido de la vida apaga la voz de Dios. Las prioridades equivocadas nos hacen perder enfoque. Y el resultado es estancamiento espiritual.

El ruido externo puede sonar más fuerte que la voz divina. Noticias, redes sociales y ocupaciones llenan la mente. Poco a poco, lo eterno queda en segundo lugar. Y lo urgente reemplaza lo importante. La distracción roba claridad espiritual.

Las prioridades equivocadas son otro desvío común. Cuando lo material sustituye lo espiritual, el rumbo se pierde. El creyente comienza a vivir para lo terrenal en vez de lo eterno. Sus decisiones se basan en conveniencia y no en obediencia. Y esa inversión errada siempre trae vacío.

El estancamiento llega cuando la distracción se normaliza. Ya no se avanza ni se crece en fe. La vida espiritual se vuelve rutina sin pasión. El creyente pierde hambre de Dios y se conforma con lo mínimo. Y esa apatía es señal clara de desvío.

El enemigo utiliza la distracción como arma silenciosa. No necesita llevarnos a pecados graves, basta con mantenernos ocupados. El tiempo con Dios se reduce cada vez más. Y lo eterno queda relegado a un rincón. La distracción es un robo constante de propósito.

Las prioridades equivocadas afectan también a los que nos rodean. Una familia sin dirección espiritual se debilita. Una iglesia distraída pierde su impacto en el mundo. Y los creyentes distraídos se vuelven inefectivos en la misión. La distracción tiene consecuencias colectivas.

El creyente debe aprender a silenciar el ruido. Necesita apartar tiempo para escuchar la voz de Dios. Sin esa pausa, la vida espiritual se desgasta. La disciplina del silencio y la oración restaura claridad. Y devuelve la dirección perdida.

La distracción sustituye la dirección cuando se le da espacio. Pero Dios llama a reenfocarnos en lo eterno. Volver a lo importante trae restauración. Y la restauración asegura firmeza en el trayecto. El que fija su mirada en Cristo nunca se pierde.

Corregir el rumbo con la Palabra

(autoexamen, arrepentimiento, obediencia)

La única forma de evitar desvíos es corregir constantemente el rumbo. La Palabra de Dios es el instrumento principal para este ajuste. Ella revela dónde hemos errado y cómo volver al camino correcto. El autoexamen nos ayuda a reconocer nuestras fallas. Y nos recuerda que siempre hay oportunidad de volver.

El autoexamen sincero es un acto de humildad. No se trata de condenarnos, sino de evaluarnos a la luz de Cristo. Cada día debemos preguntarnos si nuestras decisiones honran a Dios. Ese hábito nos mantiene atentos a los desvíos. Y asegura que no caminemos en engaño.

El arrepentimiento es la respuesta al autoexamen. Reconocer errores no basta, es necesario dar la vuelta. Arrepentirse es abandonar lo incorrecto y abrazar lo correcto. Es permitir que Dios enderece nuestras sendas. Y ese arrepentimiento nos restaura al camino recto.

La obediencia confirma que el ajuste fue real. Escuchar la Palabra pero no practicarla mantiene el desvío. Pero obedecerla asegura transformación. La obediencia convierte el conocimiento en acción. Y la acción demuestra fidelidad a Cristo.

El proceso de corrección no siempre es cómodo. Requiere reconocer fallas y cambiar hábitos. Pero esa incomodidad produce madurez. Cada ajuste fortalece la fe y forma el carácter. Y el carácter probado asegura estabilidad.

El Espíritu Santo usa la Palabra para guiar el ajuste. Él trae convicción al corazón y revela lo que debemos cambiar. Su voz nunca condena, siempre restaura. El creyente que se deja guiar por Él camina en claridad. Y esa claridad mantiene el rumbo.

La corrección no debe ser vista como castigo, sino como protección. Dios disciplina porque ama. Su deseo es que lleguemos al destino correcto. Y por eso coloca señales claras para nuestro bien. Quien recibe corrección recibe también cuidado.

Corregir el rumbo con la Palabra es garantía de seguridad. No importa cuán lejos nos hayamos desviado, siempre se puede volver. La obediencia a Dios asegura restauración. El camino se endereza bajo Su dirección. Y el destino eterno permanece intacto.

Capítulo 9

No confiar solo en la experiencia pasada

Lamentaciones 3:22-23

Por la misericordia de Jehová no hemos sido consumidos, porque nunca decayeron sus misericordias. Nuevas son cada mañana; grande es tu fidelidad.

El peligro de vivir de recuerdos espirituales

(nostalgia, estancamiento, orgullo)

Muchos creyentes viven anclados en experiencias pasadas como si fueran suficientes para el presente. Recuerdan tiempos de fervor, oración intensa o milagros, pero hoy no practican lo mismo. La nostalgia se convierte en sustituto de la obediencia actual. Aunque los recuerdos son valiosos, no pueden sostener la fe de hoy. Lo que alimenta al creyente es lo nuevo que Dios hace cada día.

El estancamiento espiritual ocurre cuando se deja de avanzar porque se confía en el ayer. Se cree que haber vivido grandes experiencias garantiza madurez permanente. Pero la vida cristiana es un caminar diario con Dios. Lo que no se renueva se deteriora con el tiempo. Y lo que se descuida pierde fuerza.

El orgullo también se disfraza de memoria espiritual. Algunos se sienten seguros porque tuvieron momentos intensos en el pasado. Pero esa seguridad es engañosa si hoy no hay comunión. El orgullo bloquea la dependencia en Dios y crea confianza en uno mismo. Y esa confianza lleva a la caída.

La nostalgia no debe convertirse en refugio para evitar cambios. Dios no quiere que nos quedemos en lo que hizo ayer. Su fidelidad se manifiesta en lo nuevo que Él está haciendo. Recordar es útil solo si impulsa a buscar más. Lo contrario es vivir atrapados en recuerdos vacíos.

El creyente debe entender que la vida espiritual es dinámica. No se puede sostener con experiencias antiguas. La gracia de Dios es fresca cada día. Y solo la relación continua asegura firmeza. Confiar en lo viejo es ignorar lo que Dios ofrece hoy.

El peligro de vivir de recuerdos espirituales es real. Puede sonar piadoso, pero en realidad es estancamiento. La fe viva se demuestra en la obediencia presente. Y la dependencia de Dios debe renovarse diariamente. El ayer no asegura el hoy.

Dios nos llama a recordar Sus obras como testimonio, no como excusa. Los recuerdos son memoriales que fortalecen la fe. Pero nunca deben sustituir la búsqueda diaria. El presente necesita obediencia renovada. Y esa obediencia asegura firmeza en el camino.

El peligro de vivir de recuerdos espirituales es caer en ilusión. Se cree que todavía se avanza cuando en realidad se está detenido. El enemigo usa esa ilusión para debilitar la fe. Pero Dios llama a salir de la nostalgia y abrazar lo nuevo. Y Su misericordia está lista cada mañana.

Cómo la rutina mata la frescura espiritual

(cansancio, apatía, conformismo)

La rutina puede convertirse en enemigo de la fe. Lo que comenzó como disciplina saludable se vuelve costumbre sin vida. El creyente repite prácticas, pero sin pasión ni entrega. La oración se vuelve palabras vacías y la lectura de la Biblia una obligación. Y la frescura espiritual desaparece.

El cansancio espiritual surge cuando la rutina sustituye la relación. Hacer lo correcto sin convicción agota el alma. El corazón pierde gozo y la fe se convierte en carga. El cansancio abre espacio a la duda y al desánimo. Y la pasión por Dios se apaga lentamente.

La apatía es señal de una vida atrapada en rutina. El creyente ya no siente hambre de Dios ni deseo de crecer. Se conforma con cumplir lo básico, sin buscar lo profundo. Esa apatía apaga la sensibilidad espiritual. Y lo que antes era fuego se convierte en cenizas.

El conformismo espiritual también se alimenta de la rutina. Se cree que cumplir lo mínimo es suficiente. Pero Dios no nos llamó a sobrevivir, sino a avanzar. El conformismo roba propósito y visión. Y una vida sin visión termina en estancamiento.

La rutina sin frescura espiritual crea religiosidad. Se mantiene la forma externa, pero se pierde la esencia. El creyente aparenta estar firme, pero su interior está vacío. La religión sin relación nunca sostiene en la prueba. Y el resultado es hipocresía espiritual.

El cansancio, la apatía y el conformismo son síntomas graves. Revelan que se ha perdido la frescura de la comunión con Dios. Esa frescura solo se recupera en Su presencia. Y solo se sostiene con una vida rendida. La rutina no puede sustituir la relación.

Dios quiere renovar cada día la pasión en Sus hijos. No desea oraciones mecánicas, sino corazones encendidos. La frescura espiritual es fruto de caminar cerca de Él. Y cada día ofrece nueva gracia para mantenerla. El creyente debe decidir buscarla.

La rutina mata la frescura espiritual cuando se la deja avanzar sin control. Pero el Espíritu Santo está dispuesto a soplar vida nueva. Él renueva lo que está seco y revive lo que parecía muerto. Solo hay que abrir el corazón. Y permitir que el fuego de Dios vuelva a encenderse.

Confiar en títulos sin vida

(religión, logros, reconocimiento)

El ser humano tiende a confiar en lo externo como evidencia de espiritualidad. Algunos se refugian en títulos, posiciones o logros ministeriales. Pero todo eso es vacío si no hay vida de comunión con Dios. Los títulos no garantizan madurez espiritual. Y los logros humanos no sustituyen el fruto del Espíritu.

La religión sin vida es un refugio engañoso. Se cumplen ritos y tradiciones sin transformación del corazón. La apariencia se confunde con fidelidad. Pero Dios no busca formalidad, busca entrega sincera. La religión externa sin vida interna es hipocresía.

Los logros ministeriales tampoco aseguran firmeza espiritual. Se pueden organizar eventos, predicar sermones y dirigir ministerios sin depender de Dios. El éxito exterior no siempre refleja obediencia interior. Los logros humanos pueden impresionar, pero no cambian vidas. Solo la presencia de Dios transforma.

El reconocimiento también es una trampa sutil. Ser aplaudido por otros no significa ser aprobado por Dios. La aprobación humana puede inflar el ego. Pero la voz de Dios es la única que importa. Y Su aprobación no depende de la fama, sino de la obediencia.

Confiar en títulos sin vida conduce al vacío. La apariencia no sostiene en la prueba. Cuando llegan las tormentas, solo la comunión con Dios mantiene firme. Los títulos se olvidan, pero la fe genuina permanece. Lo verdadero siempre supera lo superficial.

El enemigo se aprovecha de la confianza en lo externo. Nos hace creer que las credenciales bastan. Pero Dios no se impresiona con posiciones ni logros. Él busca corazones rendidos y obedientes. Y solo esos corazones permanecen firmes.

El creyente debe entender que la verdadera grandeza está en la humildad. Jesús enseñó que el mayor es el que sirve. La vida espiritual no se mide por títulos, sino por carácter. El servicio sincero vale más que el reconocimiento humano. Y ese servicio nace del amor de Dios.

Confiar en títulos sin vida es construir sobre arena. La apariencia se derrumba con el tiempo. Pero una vida fundada en Cristo resiste toda tormenta. Lo verdadero siempre permanece. Y la autenticidad glorifica a Dios.

La ilusión de la autosuficiencia

(confianza propia, falta de oración, orgullo)

La autosuficiencia es uno de los mayores desvíos espirituales. Creer que podemos mantenernos firmes sin Dios es un engaño. El corazón humano es débil y vulnerable al error. La autosuficiencia conduce a la caída inevitable. Y el orgullo alimenta esa ilusión.

La confianza propia reemplaza la dependencia de Dios. Se cree que la experiencia pasada es suficiente para sostener el presente. Pero la vida espiritual no se mantiene con recuerdos, sino con gracia renovada. La autosuficiencia desconecta de la fuente verdadera. Y el creyente termina seco y confundido.

La falta de oración es señal de autosuficiencia. Quien cree que puede solo deja de buscar a Dios. La oración se reemplaza por esfuerzo humano. Pero la ausencia de comunión abre espacio a la debilidad. Y la debilidad da lugar al pecado.

El orgullo impide reconocer la necesidad de Dios. Hace creer que todo está bajo control. Pero el orgullo ciega frente a las debilidades. Y prepara el camino para la caída. Nadie es tan fuerte como para no depender de Dios.

La autosuficiencia también roba la gloria que pertenece a Dios. Se atribuyen logros a la capacidad humana. Pero sin Él nada podemos hacer. La dependencia en Dios asegura que toda gloria sea Suya. Y que toda victoria sea testimonio de Su poder.

El engaño de la autosuficiencia es que se siente como fortaleza. Pero en realidad es debilidad disfrazada. El que confía en sí mismo construye sobre base frágil. Y cuando soplan los vientos, todo se derrumba. Solo en Cristo hay firmeza real.

Dios permite pruebas para confrontar nuestra autosuficiencia. Nos recuerda que somos barro en Sus manos. Nos enseña que la debilidad se convierte en fortaleza en Él. Y nos invita a volver a depender de Su gracia. Esa dependencia asegura estabilidad.

La ilusión de la autosuficiencia siempre termina en fracaso. Pero la humildad abre la puerta a la restauración. Dios da gracia al humilde y resiste al orgulloso. Depender de Él es nuestra única seguridad. Y esa dependencia asegura victoria.

Renovar cada día la comunión con Dios

(oración fresca, Palabra diaria, dependencia continua)

La única manera de no confiar solo en la experiencia pasada es renovar la comunión con Dios cada día. Él ofrece misericordias nuevas cada mañana. No quiere que vivamos de lo viejo, sino de lo fresco. La vida espiritual se fortalece en la relación diaria. Y esa relación es la clave de la firmeza.

La oración fresca mantiene el corazón sensible. No es repetir palabras, es un diálogo vivo con Dios. Cada día trae cargas y decisiones nuevas que deben ser presentadas en oración. Allí recibimos dirección y fuerza. Y en ese encuentro renovamos nuestra confianza en Él.

La Palabra diaria es alimento para el alma. No basta con haberla leído ayer, hoy también la necesitamos. Ella revela dirección para cada momento. Es lámpara que ilumina continuamente. Y su enseñanza nunca se agota.

La dependencia continua es el secreto de la perseverancia. Reconocer que cada día necesitamos gracia nos mantiene humildes. No podemos confiar en lo que ya aprendimos sin aplicarlo hoy. La vida espiritual es presente, no solo pasado. Y el presente exige entrega diaria.

Renovar la comunión nos libra del orgullo. Nos recuerda que somos débiles sin Dios. Nos hace conscientes de que todo depende de Su presencia. Y nos fortalece para rechazar la autosuficiencia. La humildad abre la puerta a Su gracia.

Dios promete estar con nosotros cada día. No nos deja solos en el trayecto. Su Espíritu guía, fortalece y consuela en todo momento. Quien se aferra a Él nunca se pierde. Y su fe permanece viva en cualquier circunstancia.

Renovar la comunión no es una opción, es una necesidad. Cada día trae luchas nuevas que requieren dirección fresca. No podemos vivir de lo que Dios hizo ayer. Necesitamos lo que Él tiene preparado hoy. Y esa renovación asegura permanencia en el camino.

La experiencia pasada es un testimonio, no un sustento. El sustento está en la relación actual con Dios. Renovar cada día la comunión asegura frescura y firmeza. Nos guarda de caer en recuerdos vacíos. Y mantiene nuestra fe viva hasta el fin.

Capítulo 10

Navegar en medio de la oscuridad

Salmos 119:105

Lámpara es a mis pies tu palabra, y lumbrera a mi camino.

La realidad de noches espirituales

(pruebas, silencios de Dios, incertidumbre)

En la travesía cristiana no siempre caminamos bajo cielos despejados. Hay momentos donde la oscuridad espiritual parece envolverlo todo. Las pruebas intensas nublan la visión y debilitan la esperanza. Los silencios de Dios confunden cuando buscamos respuestas inmediatas. Y la incertidumbre se convierte en compañera de la jornada.

Las pruebas son inevitables en la vida de fe. Aun los siervos más fieles enfrentaron noches oscuras. Job experimentó pérdida, Pablo sufrió persecución y David clamó en angustia. La oscuridad no significa abandono, sino un terreno de formación. Y en medio de ella Dios sigue siendo fiel.

El silencio de Dios es otro aspecto de la noche espiritual. No siempre recibimos respuesta al ritmo que deseamos. El cielo parece callar, y la espera se vuelve larga. Pero en ese silencio Dios prueba la confianza del corazón. Y fortalece la fe para depender más de Él.

La incertidumbre también se hace presente en la oscuridad. No saber qué sigue produce ansiedad. El futuro parece incierto y la mente busca salidas rápidas. Pero la incertidumbre es una invitación a confiar en Dios más que en las circunstancias. Y en esa confianza la fe madura.

La realidad de noches espirituales no debe sorprendernos. Jesús mismo advirtió que en el mundo tendríamos aflicción. La fe no elimina las pruebas, pero asegura la victoria en medio de ellas. La oscuridad no es el final, es parte del camino. Y en ella Dios sigue obrando.

El creyente debe recordar que la oscuridad no define su destino. Es solo una estación del trayecto. Aun en la noche, Dios permanece con nosotros. Su presencia es la garantía de que no caminamos solos. Y Su fidelidad brilla incluso en lo más oscuro.

Las noches espirituales también revelan lo que hay en nuestro corazón. Sacan a la luz debilidades y dependencias ocultas. Nos muestran si realmente confiamos en Dios. Y nos obligan a aferrarnos a lo eterno. La oscuridad prueba la autenticidad de nuestra fe.

La realidad de noches espirituales es innegable, pero también temporal. Ninguna prueba dura para siempre. La noche da paso a la mañana, y la oscuridad a la luz. La fidelidad de Dios asegura un nuevo amanecer. Y esa esperanza sostiene al creyente en medio del dolor.

Los peligros de perder la visión en la oscuridad

(miedo, engaño, tropiezos)

Cuando la oscuridad espiritual llega, uno de los mayores peligros es perder la visión. El miedo comienza a dominar y paraliza los pasos. Lo que antes parecía seguro ahora se percibe como incierto. El corazón duda de las promesas de Dios. Y la fe se ve amenazada.

El miedo en la oscuridad espiritual puede deformar la perspectiva. Hace que los problemas parezcan más grandes de lo que son. Exagera las amenazas y minimiza las promesas. El temor se convierte en un enemigo que roba la paz. Y sin paz, el rumbo se pierde.

El engaño también es un peligro en la oscuridad. El enemigo aprovecha la falta de claridad para sembrar mentiras. Susurrar que Dios no está presente o que Su palabra no es suficiente es parte de su estrategia. La confusión aumenta cuando no vemos con claridad. Y el engaño busca desviarnos del propósito.

Los tropiezos se multiplican en tiempos oscuros. Sin visión clara, cualquier obstáculo se convierte en caída. La debilidad espiritual aumenta el riesgo de error. Y las decisiones apresuradas en medio de la oscuridad suelen ser desastrosas. Solo la luz de Dios puede prevenir esos tropiezos.

Perder la visión espiritual es vivir a la deriva. El creyente ya no distingue entre lo correcto y lo incorrecto. La falta de enfoque lo hace vulnerable a falsas direcciones. Y pronto se encuentra fuera del camino de la verdad. La oscuridad sin visión lleva a extravío.

El miedo, el engaño y los tropiezos son armas del enemigo en la noche espiritual. Pero la Palabra nos recuerda que mayor es el que está en nosotros. La visión se recupera al volver a la luz de Cristo. Y en Él encontramos claridad aun en tiempos oscuros.

El creyente no debe ignorar los peligros de perder la visión. Necesita permanecer alerta en todo momento. La oración y la Palabra son herramientas para mantener claridad. Sin ellas, la oscuridad se vuelve abrumadora. Y la fe se tambalea fácilmente.

Los peligros de perder la visión en la oscuridad son reales, pero no definitivos. Dios ofrece luz aun en medio de la noche. Su presencia disipa las tinieblas y renueva la esperanza. Y Su Palabra restaura la visión para seguir firmes.

Cuando la luz propia no es suficiente

(autoengaño, confianza humana, limitaciones)

En la oscuridad espiritual, algunos intentan depender de su propia luz. Confían en su entendimiento, experiencia o razonamiento. Pero la luz humana es limitada y frágil. No alcanza para iluminar el camino eterno. Y pronto se apaga frente a la realidad.

El autoengaño es peligroso en medio de la oscuridad. Pensar que sabemos más que Dios nos lleva al error. Creer que nuestras fuerzas son suficientes es ignorar la necesidad de Su gracia. El corazón humano no puede guiarse solo. Y confiar en uno mismo es abrir la puerta al fracaso.

La confianza en lo humano nunca reemplaza la dirección divina. La inteligencia o la experiencia pueden ser útiles, pero no infalibles. En asuntos espirituales, solo la Palabra es luz segura. Sin ella, caminamos en tinieblas. Y en tinieblas siempre hay extravío.

Las limitaciones humanas se hacen evidentes en la noche espiritual. Nos damos cuenta de cuán pequeños somos frente a los desafíos. La autosuficiencia se derrumba ante la realidad de la vida. Y la necesidad de Dios se hace innegable. Esa humildad abre la puerta a la dependencia verdadera.

La luz propia también se apaga frente a los ataques del enemigo. Lo que parecía sabiduría resulta insuficiente. El discernimiento humano se confunde con facilidad. Y la astucia del enemigo supera la capacidad personal. Solo la sabiduría de Dios resiste sus engaños.

El autoengaño produce una falsa seguridad. Hace creer que todo está bajo control. Pero la oscuridad expone la fragilidad de esa confianza. El creyente aprende que sin Cristo no puede avanzar. Y que la luz verdadera solo proviene de Él.

La dependencia en Dios es la única salida al límite humano. Reconocer nuestras debilidades nos acerca a Su fortaleza. Admitir que nuestra luz no basta nos lleva a buscar la Suya. Y Su luz nunca falla en iluminar el camino. Su Palabra es lámpara constante.

Cuando la luz propia no es suficiente, debemos volver a la fuente. Cristo es la luz del mundo, y en Él no hay tinieblas. Su presencia disipa la oscuridad y revela la verdad. Depender de Él asegura dirección segura. Y en Su luz encontramos vida abundante.

Cómo la desesperación aumenta el extravío

(impaciencia, decisiones apresuradas, abandono de la fe)

La desesperación es una reacción común en medio de la oscuridad. Cuando no vemos salida, la ansiedad toma control. El corazón se impacienta y busca soluciones rápidas. Pero la impaciencia nunca produce frutos buenos. Y casi siempre lleva a decisiones equivocadas.

Las decisiones apresuradas en tiempos de desesperación son peligrosas. Se actúa sin orar ni esperar dirección de Dios. Lo que parece solución termina siendo tropiezo. El creyente se enreda en problemas que pudo evitar. Y el camino se vuelve más difícil.

El abandono de la fe también puede ser consecuencia de la desesperación. Algunos piensan que Dios se olvidó de ellos. Deciden alejarse en lugar de perseverar. Pero dejar la fe nunca resuelve el problema. Solo aumenta el vacío y la confusión.

La impaciencia es enemiga de la confianza. Hace creer que Dios tarda demasiado. Pero Él nunca llega tarde, siempre actúa en el momento justo. La desesperación nos roba la visión de Su fidelidad. Y nos hace olvidar que Su tiempo es perfecto.

La desesperación también distorsiona la percepción. Los problemas parecen más grandes y las promesas más lejanas. Se pierde la perspectiva eterna. Y el creyente vive dominado por lo inmediato. Esa visión corta conduce a errores graves.

El enemigo aprovecha la desesperación para sembrar dudas. Susurra que no vale la pena seguir confiando. Intenta convencer que la salida está fuera de la voluntad de Dios. Pero toda alternativa fuera de Cristo es engaño. Y toda decisión sin Su guía termina en fracaso.

La fe verdadera se fortalece en la espera. La paciencia produce carácter y firmeza. Aunque la desesperación intente dominar, el creyente puede resistir. Dios promete renovar fuerzas a quienes esperan en Él. Y esa promesa asegura victoria.

La desesperación aumenta el extravío cuando se le da lugar. Pero la confianza en Dios lo vence. La esperanza en Sus promesas disipa la ansiedad. Y la fe renovada asegura permanencia. Esperar en Dios siempre vale la pena.

La Palabra como luz en la oscuridad

(esperanza, dirección, seguridad)

La única manera de navegar en medio de la oscuridad es con la luz de la Palabra. Ella no depende de las circunstancias, siempre brilla. En momentos de confusión, revela la verdad de Dios. Su luz disipa las mentiras del enemigo. Y asegura que no caminemos a ciegas.

La Palabra es fuente de esperanza en tiempos difíciles. Nos recuerda que Dios sigue siendo fiel. Cada promesa renueva la confianza en medio de la prueba. Nos anima a perseverar cuando todo parece perdido. Y fortalece el corazón cansado.

La dirección segura está en la Palabra. Ella indica el camino correcto en cada decisión. No deja espacio para dudas cuando se la obedece. El creyente que se guía por ella camina con certeza. Y evita caer en caminos equivocados.

La Palabra también brinda seguridad en medio del peligro. Afirma que Dios está con nosotros aun en la oscuridad. Nos recuerda que no somos olvidados. Cada versículo se convierte en escudo contra el miedo. Y cada promesa en ancla para la fe.

La esperanza que trae la Palabra es más fuerte que la desesperación. Nos levanta cuando sentimos que no podemos más. Su mensaje eterno sostiene el alma abatida. Y su poder transforma la tristeza en gozo. La luz de la Palabra nunca se apaga.

El Espíritu Santo usa la Palabra para iluminar el corazón. Nos recuerda lo que Cristo enseñó. Nos muestra cómo aplicar la verdad en cada situación. Y nos da paz en medio de la confusión. Su voz siempre nos dirige al camino correcto.

La Palabra como luz no solo guía, también transforma. No ilumina solo para ver, sino para cambiar la dirección de la vida. Cada paso obediente fortalece la fe. Y cada decisión guiada por ella glorifica a Dios. Su poder va más allá de la información, produce transformación.

Navegar en la oscuridad solo es posible con la Palabra. Ella nos da esperanza, dirección y seguridad. Aun en la noche más oscura, su luz permanece. El creyente que la abraza nunca camina solo. Y su destino eterno está seguro en Cristo.

Navegar en oscuridad es posible con la Palabra [illegible] permanece. Aun en la noche más oscura [illegible] permanece. El [illegible] destino eterno en [illegible] Cristo.

Capítulo 11
Mantenerse en rumbo a pesar de los temporales

Santiago 1:12

Bienaventurado el varón que soporta la tentación; porque cuando haya resistido la prueba, recibirá la corona de vida, que Dios ha prometido a los que le aman.

Reconocer la llegada de un temporal

(cambios repentinos, terreno difícil, señales de alerta)

En la travesía espiritual no todo tramo es estable. Hay momentos en que el clima cambia sin aviso, y el sendero se vuelve peligroso. Los temporales representan esas pruebas que sacuden nuestra fe. Reconocerlos a tiempo evita extravíos mayores. La preparación comienza con observar las señales.

Los cambios repentinos son parte natural de la vida de fe. A veces caminamos en paz y de pronto enfrentamos vientos de dificultad. Este contraste prueba si confiamos en la dirección o en las circunstancias. El creyente sabio espera cambios y no se sorprende. Los cambios repentinos revelan el corazón.

El terreno difícil aparece como lodo, piedras sueltas o pendientes empinadas. Estas condiciones obligan a reducir velocidad y aumentar precaución. En lo espiritual, representan procesos que demandan más oración y paciencia. El terreno difícil no significa que estamos perdidos. Es parte del camino hacia la madurez.

En medio del terreno complicado, el cansancio se multiplica. Pero allí aprendemos a depender de Dios y no de nuestra fuerza. Cada paso cuidadoso fortalece la disciplina. La resistencia se desarrolla en la dificultad. Los caminos duros forjan peregrinos firmes.

Las señales de alerta suelen aparecer antes del temporal. El cielo se oscurece, el viento sopla fuerte y los animales buscan refugio. En lo espiritual, el Espíritu Santo advierte al corazón sensible. Esas señales no deben ignorarse, sino tomarse como preparación. Quien atiende la alerta se preserva mejor.

Ignorar las señales de alerta expone al creyente a golpes más duros. La prisa ciega y la confianza excesiva abren la puerta al error. La atención evita daños mayores en la marcha. El Espíritu avisa para que ajustemos el paso. Escuchar sus avisos es protección.

Reconocer la llegada de un temporal permite caminar con prudencia. Los cambios repentinos, el terreno difícil y las señales de alerta no son enemigos, son advertencias. Preparan al creyente para enfrentar con firmeza lo inevitable. La conciencia es la primera defensa.

El temporal no sorprende a quien observa y vigila. La preparación comienza en el corazón atento. La vigilancia fortalece el ánimo frente a la prueba. Reconocer evita desesperación y provee confianza. Así se mantiene la serenidad cuando llega la tormenta.

Cómo permanecer firme bajo presión

(resistencia, paciencia, confianza en Dios)

Los temporales prueban la firmeza del caminante. Bajo presión, se revela dónde están nuestras raíces. La fe superficial se quiebra cuando el viento sopla fuerte. Pero la fe profunda se afianza en la promesa. Permanecer firme es un acto de decisión diaria.

La resistencia espiritual es como tensar los músculos en una cuesta empinada. El esfuerzo aumenta, pero también lo hace la capacidad. Cada paso en resistencia construye fuerza interior. No se trata de aguantar por aguantar, sino de avanzar con propósito. La resistencia convierte el dolor en progreso.

La resistencia se cultiva practicando la disciplina espiritual. La oración constante fortalece la mente y el espíritu. El ayuno enfoca el corazón en lo eterno. La obediencia diaria fortalece la voluntad. Cada práctica añade firmeza al carácter.

La paciencia es esencial cuando los días se hacen largos. El apuro solo agrava la dificultad. La paciencia permite esperar el momento en que el temporal pase. Aprendemos que no todo se resuelve al instante. La paciencia sostiene mientras llega el alivio.

La paciencia no significa pasividad. Es la capacidad de seguir caminando a un ritmo estable. Aunque no veamos resultados inmediatos, la paciencia mantiene la dirección. Es avanzar confiando en la promesa de Dios. La paciencia transforma la espera en oportunidad.

La confianza en Dios es el cimiento de la firmeza. Cuando todo alrededor se sacude, Él permanece igual. Confiar en su carácter da paz en medio de la presión. El caminante recuerda que el Guía no abandona. Esa certeza produce serenidad.

La confianza también se fortalece recordando experiencias pasadas. Dios ha sido fiel en otras pruebas, y lo será nuevamente. La memoria de su fidelidad alimenta la seguridad presente. Recordar es un arma contra la duda. La confianza se renueva al mirar atrás.

Permanecer firme bajo presión es posible con resistencia, paciencia y confianza en Dios. Estas tres virtudes convierten al temporal en escuela. El creyente aprende que el carácter se forma en la prueba. Lo que parecía una amenaza se convierte en entrenamiento.

La utilidad de los temporales

(purificación, crecimiento, dirección)

Aunque los temporales son incómodos, no carecen de propósito. Dios los permite para forjar nuestro carácter. Nada se desperdicia en la vida del creyente. Cada temporal lleva una lección escondida. Ver la utilidad transforma la actitud ante la prueba.

La purificación ocurre cuando el temporal revela lo que sobra. Como el viento que arrastra ramas secas, así Dios limpia el corazón. Las pruebas exponen ídolos y dependencias ocultas. Lo que no es esencial se desprende. Purificar es preparar para mayor fruto.

La purificación no siempre es agradable. Sentimos pérdida y dolor al dejar lo innecesario. Pero al final el corazón queda más ligero. Lo superficial cede espacio a lo eterno. El temporal actúa como fuego que limpia y refina.

El crecimiento espiritual surge del esfuerzo en medio de la dificultad. Cada paso en terreno duro fortalece músculos internos. La fe se amplía y la visión madura. El crecimiento convierte el sufrimiento en avance. El temporal se vuelve gimnasio del alma.

El crecimiento también trae nuevas capacidades. Lo que antes parecía imposible ahora es rutina. La experiencia aumenta la confianza en Dios. El creyente se descubre más fuerte después de cada prueba. El dolor se convierte en testimonio de poder.

La dirección también se ajusta en los temporales. Muchas veces la prueba revela que íbamos distraídos. El temporal obliga a detenerse y revisar la brújula. Allí descubrimos correcciones necesarias. La dificultad se convierte en maestro que reorienta.

La dirección recuperada asegura que el dolor no sea en vano. El temporal nos devuelve a la senda correcta. Cada ajuste evita pérdidas mayores. La obediencia posterior confirma que aprendimos. La dirección renovada fortalece el caminar.

La utilidad de los temporales está en purificar, hacer crecer y redirigir. Lo que parecía obstáculo se convierte en instrumento. El creyente que lo entiende vive con esperanza. El temporal no destruye, edifica. Y la firmeza aumenta tras cada prueba.

Los riesgos de ceder en medio del temporal

(desánimo, retroceso, abandono)

El temporal no solo prueba, también tienta a rendirse. Bajo tanta presión, el corazón se desgasta. El cansancio invita al desánimo y a la renuncia. Estos riesgos deben ser identificados. Solo así evitamos que la prueba se convierta en derrota.

El desánimo roba la motivación de avanzar. Hace que cada paso parezca inútil. Convierte pequeños obstáculos en montañas imposibles. Su voz repite que no vale la pena seguir. El desánimo es un enemigo silencioso.

El desánimo se vence renovando la esperanza. Recordar el destino final da fuerza en medio de la fatiga. La oración devuelve perspectiva eterna. El apoyo de hermanos levanta al caído. El ánimo regresa cuando Cristo se vuelve a contemplar.

El retroceso es otro peligro. En lugar de avanzar, el cansado regresa a terrenos pasados. Parece más fácil volver que resistir. Pero retroceder retrasa el propósito divino. Cada paso atrás multiplica el esfuerzo necesario.

El retroceso se evita con pasos pequeños pero constantes. No importa la velocidad, sino la dirección. Un paso firme hacia adelante vale más que cien atrás. La perseverancia se mide en constancia. El que sigue avanzando no se pierde.

El abandono es el mayor riesgo del temporal. Consiste en renunciar completamente al camino. Es dejar la brújula y sentarse sin ánimo. Este abandono roba el fruto de años de esfuerzo. Es la derrota más dolorosa.

El abandono se previene cultivando la fe en comunidad. Los hermanos animan y sostienen cuando faltan fuerzas. La compañía recuerda que no estamos solos. La comunión es refugio en medio del temporal. Juntos es más difícil rendirse.

Los riesgos de ceder son reales, pero evitables. El desánimo, el retroceso y el abandono no tienen la última palabra. Cristo fortalece para permanecer firmes. La victoria pertenece al que persevera. El temporal pasa, pero el propósito permanece.

Reajustar el rumbo después del temporal

(evaluar daños, recalibrar dirección, continuar con esperanza)

Todo temporal deja huellas en el camino. Árboles caídos, senderos bloqueados y marcas de desgaste aparecen. En la vida espiritual también quedan rastros de la prueba. El reajuste es necesario para retomar la ruta. Sin corrección, se acumulan errores.

Evaluar daños es el primer paso. Reconocemos dónde nos debilitamos o qué áreas quedaron afectadas. Tal vez la fe flaqueó o el ánimo se apagó. Admitirlo no es fracaso, es honestidad. La evaluación evita repetir la misma caída.

Los daños pueden ser visibles o internos. Un hábito descuidado, una relación rota o un compromiso debilitado. Todo debe ponerse ante la luz de la Palabra. Allí se distingue lo que debe sanarse. Nada oculto debe quedarse sin tratamiento.

Recalibrar dirección significa volver a la brújula. El temporal pudo desviarnos algunos grados. Ahora toca comparar posición actual con el mapa original. La Escritura confirma dónde debemos estar. El reajuste garantiza que la marcha vuelva a ser precisa.

La recalibración requiere humildad y obediencia. No se trata de insistir en lo propio, sino de volver al trazo divino. Cada corrección es una oportunidad de crecimiento. El Espíritu Santo guía al corazón dispuesto. Recalibrar es volver a depender.

Continuar con esperanza es el fruto del reajuste. No basta con evaluar y corregir, hay que seguir avanzando. La esperanza convierte la experiencia en motivación. Lo que antes fue dolor ahora inspira. La marcha renovada glorifica a Dios.

La esperanza se alimenta recordando que el temporal no es eterno. Siempre hay un amanecer después de la noche. El creyente que persevera descubre nueva fortaleza. Su testimonio inspira a otros que aún atraviesan pruebas. La esperanza es contagiosa.

Reajustar el rumbo después del temporal asegura llegada. Evaluar, recalibrar y continuar restauran la firmeza. El temporal deja cicatrices, pero también sabiduría. El creyente aprende que con Cristo todo se supera. Así se avanza renovado hacia el destino eterno.

Capítulo 12
Evitar cargar peso innecesario

Hebreos 12:1

Por tanto, nosotros también, teniendo en derredor nuestro tan grande nube de testigos, despojémonos de todo peso y del pecado que nos asedia, y corramos con paciencia la carrera que tenemos por delante.

Identificar los pesos ocultos

(preocupaciones, heridas pasadas, culpas)

Muchos creyentes caminan con pesos que Dios nunca les pidió cargar. No siempre son pecados visibles, a veces son cargas invisibles. Las preocupaciones del día a día llenan el corazón de ansiedad. Las heridas pasadas permanecen abiertas y afectan el presente. Y la culpa no resuelta roba el gozo de la salvación.

Las preocupaciones parecen inevitables, pero se convierten en peso cuando dominan la mente. En lugar de confiar en Dios, se confía en la lógica humana. La ansiedad se multiplica y debilita la fe. El creyente comienza a dudar de la provisión divina. Y el peso lo ralentiza en el camino.

Las heridas pasadas también son cargas ocultas. Situaciones de rechazo, traición o dolor no sanado permanecen vivas. Aunque el tiempo haya pasado, la herida sigue influyendo. Esa carga limita el crecimiento espiritual. Y muchas veces afecta las relaciones actuales.

La culpa es otro peso que roba libertad. Cuando no se recibe el perdón de Dios con fe, se vive atrapado en remordimiento. El corazón no logra descansar en la gracia. Y la culpa se convierte en cadena. Pero Cristo ya llevó esas culpas en la cruz.

Identificar los pesos ocultos es el primer paso para liberarse. No se puede avanzar ligero si no se reconoce lo que estorba. El Espíritu Santo ilumina las áreas donde llevamos cargas innecesarias. Su voz revela lo que debemos soltar. Y nos invita a confiar plenamente en Dios.

Los pesos ocultos no siempre son visibles a otros. Desde afuera parece que todo marcha bien. Pero internamente hay batallas silenciosas. Esos pesos desgastan lentamente la fe. Y hacen que la carrera cristiana sea más pesada de lo necesario.

El creyente debe entender que Cristo no lo llamó a caminar oprimido. Su invitación es ligera y Su yugo es fácil. La vida en Él no significa ausencia de problemas, pero sí libertad de cargas innecesarias. Confiar en Él aligera la travesía. Y trae descanso verdadero.

Identificar los pesos ocultos nos prepara para soltarlos. Dios no quiere que avancemos con cadenas. Quiere que corramos con paciencia la carrera. Y que experimentemos la libertad que Cristo ya compró. Esa libertad asegura firmeza en el trayecto.

Cuando el apego se convierte en obstáculo

(materialismo, relaciones dañinas, ambiciones personales)

El apego a lo terrenal puede convertirse en un peso que frena el avance espiritual. El materialismo encadena el corazón a lo que perece. Las relaciones dañinas absorben energía y desvían de la voluntad de Dios. Y las ambiciones personales reemplazan el propósito divino. Todos estos apegos son obstáculos en la carrera de la fe.

El materialismo crea dependencia de lo que no puede sostener. La confianza se traslada del Creador a las cosas creadas. Se vive persiguiendo lo pasajero en lugar de lo eterno. Y esa búsqueda nunca sacia plenamente. Al final, solo deja vacío.

Las relaciones dañinas son otro peso que estorba. Uniones fuera de la voluntad de Dios drenan la fe. La presión de agradar a otros sustituye la obediencia al Señor. Y el corazón se aleja del propósito eterno. Una relación fuera de Dios siempre desvía el rumbo.

Las ambiciones personales también pueden convertirse en cargas pesadas. Cuando el yo gobierna, se ignora el llamado divino. Se busca éxito propio antes que obediencia. Y la gloria de Dios queda en segundo plano. Esa ambición conduce a frustración espiritual.

El apego excesivo esclaviza el corazón. Lo que debería ser bendición se convierte en estorbo. El creyente se aferra a lo que debería soltar. Y esa resistencia impide avanzar en libertad. El apego se transforma en cadena.

Dios llama a examinar el corazón y soltar lo que estorba. No quiere que vivamos atados a lo pasajero. La verdadera seguridad está en lo eterno. Y lo eterno solo se encuentra en Cristo. Allí el corazón encuentra descanso.

El desapego es una muestra de madurez espiritual. Reconocer que nada es más importante que Dios trae libertad. Lo que entregamos en Sus manos Él lo transforma. Y lo que soltamos abre espacio para lo eterno. El desapego asegura firmeza en el camino.

Cuando el apego se convierte en obstáculo, la solución es rendición. Soltar lo temporal para abrazar lo eterno. Dejar lo pasajero para ganar lo permanente. Y entregar todo a Cristo para vivir en plenitud. Esa entrega rompe cadenas y abre paso a la verdadera libertad.

Cómo los hábitos dañinos estorban el avance

(pereza, falta de disciplina, distracciones)

Los hábitos dañinos se convierten en pesos que impiden avanzar en la fe. La pereza debilita la vida espiritual. La falta de disciplina roba constancia en la oración y el estudio de la Palabra. Y las distracciones alejan del propósito divino. Estos hábitos hacen pesada la carrera cristiana.

La pereza espiritual adormece el corazón. Hace que el creyente posponga decisiones importantes. Se aplaza la obediencia y se apaga la pasión. El conformismo se instala en lugar de la búsqueda. Y la fe pierde vigor.

La falta de disciplina también es un obstáculo. Sin constancia en la oración y la Palabra, la fe se debilita. La intermitencia crea inestabilidad espiritual. Lo que se hace sin orden pierde efectividad. Y el corazón se aleja lentamente de Dios.

Las distracciones son enemigos silenciosos de la fe. Llenan la mente con lo innecesario. El tiempo se invierte en lo temporal en vez de lo eterno. Y la atención se desvía de Cristo. Las distracciones roban fuerza para avanzar.

Los hábitos dañinos parecen inofensivos al inicio. Una pequeña pereza o una distracción leve no parecen graves. Pero con el tiempo, esas prácticas debilitan la fe. Y se convierten en cargas difíciles de soltar. Lo pequeño se transforma en grande cuando se tolera.

Dios nos llama a revisar los hábitos con los que caminamos. No quiere que la carrera se vuelva pesada. Nos invita a la disciplina que fortalece. Y a la constancia que edifica la fe. La vida espiritual se alimenta con perseverancia.

La victoria sobre los hábitos dañinos requiere decisión. Nadie cambia si no elige hacerlo. El Espíritu Santo da la fuerza, pero nosotros debemos actuar. La obediencia diaria rompe cadenas. Y cada paso en disciplina asegura madurez.

Los hábitos dañinos estorban, pero no son definitivos. Con la gracia de Dios pueden ser transformados. La pereza se convierte en diligencia, la falta de disciplina en constancia y las distracciones en enfoque. Cristo tiene poder para renovar. Y Su gracia asegura libertad.

Cuando el perfeccionismo se vuelve carga

(autoexigencia, comparación, frustración)

El perfeccionismo es un peso silencioso que agota al creyente. La autoexigencia constante roba gozo. La comparación con otros genera envidia y descontento. Y la frustración se instala cuando no se alcanzan expectativas irreales. Este peso sofoca la libertad en Cristo.

La autoexigencia nace de un deseo de aprobación. Se busca cumplir estándares que Dios nunca pidió. El corazón se carga con demandas imposibles. Y la gracia se sustituye por reglas. Esa presión desgasta el alma.

La comparación con otros es otro peso dañino. En lugar de valorar el propio proceso, se envidia el camino ajeno. Cada avance de otro se convierte en motivo de inseguridad. Y la identidad se pierde en la competencia. La comparación roba paz y propósito.

La frustración es fruto del perfeccionismo. Como nunca se alcanza lo esperado, siempre hay vacío. El corazón se llena de desánimo. Y la fe se ve opacada por el constante sentimiento de fracaso. La frustración paraliza.

El perfeccionismo sustituye la gracia por rendimiento. Hace creer que Dios solo ama si cumplimos estándares. Pero Su amor no depende de nuestro esfuerzo, sino de Cristo. La salvación es por gracia y no por obras. Esa verdad trae descanso.

El enemigo usa el perfeccionismo para esclavizar. Nos convence de que nunca somos suficientes. Nos mantiene atados a la culpa y la ansiedad. Pero Cristo ya nos hizo aceptos en el Amado. Y en Él encontramos identidad segura.

El perfeccionismo impide disfrutar la relación con Dios. En lugar de libertad hay carga. En lugar de gozo hay ansiedad. Pero la fe verdadera produce descanso. Y la confianza en la gracia renueva la esperanza.

Cuando el perfeccionismo se vuelve carga, necesitamos recordar la cruz. Allí Cristo ya llevó nuestras culpas. Allí se declaró suficiente Su gracia. Y allí encontramos descanso para el alma. En Él hay libertad de toda carga innecesaria.

Soltar el peso y correr ligeros

(entrega, confianza, libertad)

La carrera cristiana se corre mejor cuando soltamos el peso. Dios nos llama a despojarnos de lo que estorba. La entrega es el primer paso hacia la libertad. Sin soltar no podemos avanzar. Y sin rendición no hay victoria.

La entrega significa reconocer que no podemos solos. Necesitamos dejar en las manos de Dios lo que no podemos cargar. Sus hombros son más fuertes que los nuestros. Y Su gracia es suficiente para sostenernos. Entregar es confiar.

La confianza en Dios reemplaza la ansiedad. En lugar de preocuparnos, descansamos en Sus promesas. Cada carga se convierte en oportunidad de fe. Cada peso en oportunidad de experimentar Su poder. Y cada entrega fortalece el corazón.

La libertad llega cuando soltamos lo innecesario. Cristo nos invita a caminar ligeros. Su yugo es fácil y ligera Su carga. Él nos llama a vivir en gracia y no en opresión. Y esa libertad nos impulsa a avanzar con gozo.

Soltar el peso es un acto diario. No basta hacerlo una vez, hay que hacerlo constantemente. Cada día trae nuevas cargas que deben entregarse. Y cada entrega renueva la fuerza. La vida cristiana es una continua rendición.

El creyente ligero avanza con mayor firmeza. Su mirada está puesta en Cristo y no en el peso. Su corazón está libre de cadenas innecesarias. Y su fe se fortalece en la confianza. Esa ligereza asegura constancia.

Dios promete recompensa a quienes corren con paciencia. Él no busca perfección humana, busca fidelidad. Cada paso ligero glorifica Su nombre. Y cada carrera culminada demuestra Su poder. En Cristo siempre hay victoria.

Soltar el peso y correr ligeros es vivir en gracia. Es aceptar que Cristo ya llevó lo que no podíamos. Es confiar que Su poder es suficiente. Y es caminar con libertad hacia el destino eterno. Esa ligereza asegura llegar a la meta.

Epílogo

Cuando el mapa no coincide con el terreno

Isaías 30:21

Entonces tus oídos oirán a tus espaldas palabra que diga: Este es el camino, andad por él; y no echéis a la mano derecha, ni tampoco torzáis a la mano izquierda.

Obstáculos que no estaban en el mapa

(debris de batallas, destrucción por tormentas, cambios repentinos en el terreno)

Todo navegante sabe que hay momentos en los que lo que aparece en el mapa no es lo que encuentra en el campo. De pronto aparecen árboles caídos, escombros de batallas pasadas o restos de un derrumbe. La ruta marcada existe, pero algo inesperado la obstruye. Estos obstáculos no son culpa del viajero, pero afectan su avance. Aprender a enfrentarlos es parte de la travesía.

El debris de batallas pasadas representa cicatrices en el terreno. Allí hubo conflicto, fuego cruzado o ataque con equipo pesado. El camino se encuentra lleno de restos que no estaban en la planeación original. En lo espiritual, simboliza heridas y consecuencias que quedaron de luchas previas. El creyente debe reconocerlas sin detenerse en ellas.

La destrucción por tormentas o huracanes cambia la apariencia del sendero. Donde antes había veredas claras, ahora hay agua estancada o árboles quebrados. El mapa sigue siendo confiable, pero el terreno requiere ajustes. Lo mismo ocurre cuando eventos de la vida sacuden el plan que teníamos. No significa que el destino cambió, solo que debemos adaptarnos.

Los cambios repentinos en el terreno exigen vigilancia. Una ruta estable ayer puede estar bloqueada hoy. El caminante prudente entiende que la realidad es dinámica. Por eso no camina confiado en costumbre, sino en revisión constante. La atención protege del desvío.

Estos obstáculos inesperados prueban nuestra flexibilidad. Lo que parecía sencillo se vuelve un reto. Pero Dios no permite que enfrentemos algo sin salida. Cada obstrucción es una oportunidad de entrenar la dependencia en Él. La fe madura en la dificultad.

El viajero que enfrenta obstáculos aprende a no frustrarse. Comprende que las interrupciones forman parte de la ruta. No se queda detenido lamentando lo que cambió. En cambio, busca soluciones con serenidad. Así convierte la dificultad en aprendizaje.

La Biblia está llena de ejemplos de caminos bloqueados que llevaron a nuevas oportunidades. Israel frente al Mar Rojo vio un obstáculo imposible. Pero Dios abrió una salida inesperada. Lo mismo ocurre en nuestro caminar: lo que parece cierre se convierte en pasaje. La fe ve más allá del bloqueo.

Los obstáculos que no estaban en el mapa no deben paralizar al viajero. Son parte del terreno real, aunque no aparezcan en el plan. Reconocerlos y asumirlos con sabiduría evita frustraciones. El mapa sigue siendo válido. El destino sigue en pie.

El impacto visual de la destrucción

(desánimo, confusión, miedo)

Cuando el viajero encuentra destrucción en el camino, la vista impacta primero. Ver árboles arrancados, casas caídas o cadáveres en una ruta de guerra produce conmoción. En lo espiritual, esto equivale a ver ruinas de vidas, familias o ministerios quebrados. El impacto visual puede desanimar profundamente. Pero el caminante debe aprender a mirar más allá de lo que ve.

El desánimo nace cuando lo visible parece mayor que lo prometido. El corazón siente que no vale la pena continuar. La visión del terreno destruido roba energía. Sin embargo, la fe recuerda que lo que se ve es pasajero. La meta no depende del paisaje.

La confusión aparece cuando lo visible no coincide con el mapa. La mente pregunta: "¿Estoy en el lugar correcto?" Esa duda puede paralizar al más valiente. Pero la brújula confirma que seguimos en dirección correcta. Lo que cambió fue el terreno, no el rumbo.

El miedo también se intensifica en medio de la destrucción. El caminante teme que lo que pasó antes vuelva a repetirse. Cree que un nuevo ataque puede surgir en cualquier momento. Sin embargo, la confianza en el Guía disipa ese temor. La voz de Dios confirma seguridad.

El desánimo hace que algunos se sienten y se rindan. Pero el que sigue adelante descubre fuerza renovada. Cada paso en terreno destruido es un acto de valentía. La perseverancia vence la inercia del miedo. El ánimo se recupera en la acción.

La confusión cede cuando el viajero confía en sus instrumentos. El mapa y la brújula siguen marcando la dirección correcta. El problema no es de referencia, sino de obstáculos. Saberlo devuelve claridad. La confusión se vence con certeza.

El miedo se enfrenta recordando la presencia del Señor. Aunque el entorno sea caótico, Él camina al lado. No hay terreno tan devastado que lo aparte. Su compañía garantiza protección. El miedo pierde poder en Su presencia.

El impacto visual de la destrucción es fuerte, pero no definitivo. El desánimo, la confusión y el miedo pueden controlarse con fe. El viajero no depende de lo que ve, sino de lo que cree. El mapa espiritual es más confiable que la vista.

Cómo calcular un desvío preciso

(evaluar el terreno, diseñar la ruta alterna, mantener el rumbo)

Frente a un bloqueo total, el viajero debe detenerse y evaluar. No puede avanzar a ciegas entre los escombros. Necesita analizar el terreno con serenidad. Cada decisión en esa etapa define el éxito de la travesía. Evaluar es el primer paso hacia un desvío correcto.

Evaluar el terreno significa observar con detalle la magnitud del obstáculo. ¿Es posible rodearlo o atravesarlo con cuidado? ¿Se requiere retroceder algunos metros para encontrar un sendero alterno? Estas preguntas guían el análisis. La observación es clave para no improvisar.

Evaluar también implica reconocer riesgos reales. Algunos obstáculos parecen grandes, pero son manejables. Otros parecen pequeños, pero son trampas peligrosas. El discernimiento espiritual ayuda a diferenciar. No todo se resuelve de la misma manera.

Diseñar la ruta alterna exige precisión. No se trata de inventar un camino nuevo, sino de calcular un rodeo que conserve el rumbo. En la vida espiritual, esto significa ajustar horarios, hábitos o estrategias sin perder el enfoque en la meta. El desvío no cambia el destino.

La ruta alterna debe basarse en referencias seguras. El viajero busca hitos, señales o puntos de verificación que confirmen la dirección. No confía solo en intuición. En lo espiritual, la Palabra y la oración son esas referencias fijas. Confirman que el rodeo mantiene la meta correcta.

Mantener el rumbo es la prioridad. El desvío no puede convertirse en extravío. Por eso, cada pocos pasos se revisa la brújula. La disciplina asegura que el rodeo termine conectando de nuevo con la ruta original. La fidelidad evita perderse.

Un desvío bien calculado fortalece la confianza. El viajero aprende que los obstáculos no son el fin. Descubre que es posible adaptarse sin perder la meta. Cada ajuste se convierte en entrenamiento para la fe. La flexibilidad es parte de la madurez.

Calcular un desvío preciso es un arte de paciencia y disciplina. Evaluar, diseñar y mantener rumbo forman un trípode seguro. Así, el creyente avanza en medio de destrucción sin perder el norte. La meta permanece intacta, aunque el terreno cambie.

La tentación de rendirse en el desvío

(cansancio, frustración, engaños del enemigo)

Todo desvío alarga el camino. Eso puede producir cansancio extra. El viajero siente que no avanza lo suficiente. El rodeo parece interminable. Esa sensación se convierte en tentación de rendirse.

El cansancio físico y espiritual agotan la motivación. El cuerpo pide descanso y el alma pide alivio. Pero detenerse por completo puede ser más peligroso. La pausa estratégica es buena, la renuncia no lo es. Seguir, aunque sea despacio, es mejor que abandonar.

La frustración surge cuando los planes cambian. El viajero se queja de que el camino no salió como esperaba. La amargura contamina el corazón. Pero la frustración debe convertirse en oportunidad de aprender. Dios usa lo inesperado para formar carácter.

La frustración prolongada conduce al desánimo. El caminante compara su avance con el de otros y siente atraso. Sin embargo, cada ruta es única. El plan de Dios para cada uno es distinto. La comparación es injusta y engañosa.

Los engaños del enemigo aprovechan el desvío. Satanás susurra que hemos perdido el rumbo para siempre. Quiere que el viajero crea que ya no hay retorno. Pero la Palabra declara lo contrario. Siempre hay posibilidad de corrección.

El enemigo también ofrece atajos peligrosos. Promete rutas más rápidas que terminan en extravío. El apuro destruye la precisión. La fidelidad requiere rechazar atajos falsos. Solo la obediencia asegura el destino.

El desvío es terreno fértil para dudas. La tentación de rendirse acecha en cada curva. Pero el Espíritu fortalece la perseverancia. La gracia sostiene al cansado. El que resiste la tentación llega con mayor firmeza.

Rendirse nunca es opción en la travesía. El cansancio, la frustración y los engaños se vencen con fe. El viajero aprende que el rodeo no elimina la meta. Dios siempre abre la ruta correcta.

Recalibrar después del desvío

(comparar con el mapa, corregir rumbo, continuar con seguridad)

El momento más importante llega cuando termina el rodeo. Allí el viajero debe recalibrar. No basta con rodear el obstáculo, hay que volver a la ruta original. El reajuste asegura que no terminemos en un destino equivocado. El regreso al rumbo se logra con precisión.

Comparar con el mapa es el primer paso. El caminante revisa dónde debería estar en ese punto de la ruta. Luego observa dónde realmente está después del rodeo. Esa comparación revela cuánto debe ajustarse. La honestidad permite corrección real.

Comparar también significa aceptar la diferencia entre plan y realidad. No siempre llegamos al mismo punto exacto, pero sí al mismo rumbo. Lo importante es reconectar con la dirección del destino. La meta sigue siendo la misma.

Corregir rumbo requiere disciplina. A veces hay que retroceder unos metros para coincidir con la ruta. En lo espiritual, significa retomar hábitos, devociones o relaciones que se descuidaron. La corrección devuelve estabilidad. El ajuste restaura confianza.

Corregir también exige obediencia inmediata. No sirve saber dónde estamos si no actuamos. El paso firme demuestra decisión. Cada ajuste fortalece la madurez. La obediencia convierte el rodeo en lección.

Continuar con seguridad es el resultado final. El viajero ahora sabe que puede enfrentar cualquier obstáculo. La experiencia del desvío lo hizo más sabio. Avanza con confianza renovada. La seguridad reemplaza la incertidumbre.

La seguridad se comparte con otros. El testimonio inspira a los que también enfrentan bloqueos. El que aprendió a recalibrar ayuda a los demás a no rendirse. La comunidad se fortalece en el ejemplo. El aprendizaje personal se vuelve colectivo.

Recalibrar después del desvío enseña que nada detiene al que sigue el rumbo de Dios. El mapa eterno nunca cambia. El Espíritu guía cada ajuste. Y el destino permanece seguro. Cada paso corregido se convierte en testimonio de la fidelidad de Dios en el camino.

Apéndice: Herramientas para mantener el rumbo

Salmos 25:4–5

Muéstrame, oh Jehová, tus caminos; enséñame tus sendas. Encamíname en tu verdad, y enséñame, porque tú eres el Dios de mi salvación; en ti he esperado todo el día.

Este manual no termina con el último capítulo ni con el epílogo. La verdadera aplicación comienza en el corazón de cada lector que decide caminar lo aprendido. Así como un navegante revisa constantemente su mapa, su brújula y su dirección, el creyente necesita examinar su vida con sinceridad delante de Dios. El apéndice que aquí encuentras no es un examen, sino un conjunto de herramientas que te ayudarán a mantenerte en rumbo. Son guías prácticas que convierten el conocimiento en acción.

Sección 1: Preguntas de autoevaluación (individual o grupal)

Estas preguntas están diseñadas para ser utilizadas tanto de manera **individual** como en **grupos pequeños**. Cada capítulo contiene un versículo base, un breve resumen y seis preguntas de reflexión que invitan a profundizar en la temática presentada en el libro.

La recomendación es tomar **un capítulo por semana**, de manera que haya tiempo suficiente para leer, meditar y contestar cada pregunta con calma. Al trabajar un capítulo semanalmente, se permite que la Palabra penetre más profundamente, que el Espíritu Santo hable de manera personal y que las respuestas no se den de manera apresurada, sino fruto de oración y reflexión.

En la práctica **individual**, este recurso puede convertirse en un diario espiritual: leer el capítulo, repasar el resumen y luego escribir las respuestas como un registro personal de lo que Dios va mostrando.

En la práctica **grupal**, las preguntas pueden abrir un espacio de diálogo enriquecedor donde cada participante aporte desde su experiencia y comprensión. El intercambio fortalece la fe, fomenta la unidad y permite aprender juntos a aplicar los principios en la vida diaria.

De manera individual o grupal, la clave es avanzar con constancia, dedicando tiempo cada semana para dejar que el mensaje del libro transforme la mente y el corazón.

Responde con honestidad, en oración, y deja que el Espíritu Santo confronte y confirme tu caminar.

Caminar con rumbo claro

Proverbios 29:18 – Donde no hay visión, el pueblo se desenfrena; mas el que guarda la ley es bienaventurado.

Resumen:
La vida cristiana requiere visión y propósito para no caer en rutina vacía. Sin dirección clara, el creyente se dispersa en lo superficial, pero con visión espiritual cada paso tiene sentido. La Palabra funciona como mapa, la visión como brújula y Cristo como norte seguro.

Ajustar constantemente el rumbo a la luz de la Palabra asegura precisión en el caminar. El gozo no está en correr rápido, sino en avanzar firmes hacia el propósito eterno.

Preguntas:

1. ¿Qué significa caminar con un destino definido en la vida cristiana?
2. ¿Qué peligros produce la falta de visión espiritual?
3. ¿Cómo el discernimiento, las prioridades y la obediencia nos ayudan a mantener la dirección de Dios?
4. ¿De qué manera el servicio y la perseverancia producen gozo?
5. ¿Qué consecuencias trae caminar sin mapa confiable en medio de la confusión cultural?
6. ¿Qué implica evaluar y recalibrar el rumbo a la luz de la Palabra?

El valor de la perseverancia

Hebreos 10:36 – Porque os es necesaria la paciencia, para que habiendo hecho la voluntad de Dios, obtengáis la promesa.

Resumen:
La perseverancia es avanzar aunque el camino se torne difícil. No es ausencia de lucha, sino permanecer firmes cuando otros se rinden. El cansancio y el desánimo intentan frenar, pero la gracia de Dios renueva fuerzas.

Cada paso constante edifica carácter y esperanza. Perseverar no es resistir en lo humano, sino apoyarse en la fidelidad de Dios que sostiene hasta la meta.

Preguntas:

1. ¿Cómo la perseverancia forma carácter y fortalece la fe?
2. ¿Por qué los pasos pequeños y constantes son más poderosos que los grandes impulsos?
3. ¿Qué relación hay entre la meta eterna y la perseverancia diaria?
4. ¿Qué efectos producen el desánimo y el cansancio si no se enfrentan?
5. ¿Cómo actúa la gracia de Dios como combustible para seguir avanzando?
6. ¿Qué ejemplos bíblicos de perseverancia nos inspiran a no rendirnos?

Verificar la brújula constantemente

Salmos 119:105 – Lámpara es a mis pies tu palabra, y lumbrera a mi camino.

Resumen:

Un desvío pequeño termina en una gran pérdida de rumbo. Así también en la vida cristiana: revisar constantemente la dirección es vital. Las emociones, el consejo humano y el engaño pueden desorientar, pero la Palabra y la oración recalibran la brújula.

El autoexamen espiritual asegura caminar con paz y certeza. La verdad ilumina el paso siguiente y mantiene firme el rumbo hacia Cristo.

Preguntas:

1. ¿Qué significa practicar el autoexamen espiritual en el caminar diario?
2. ¿Por qué los errores pequeños pueden causar grandes desvíos a largo plazo?
3. ¿Qué papel juega la oración en verificar la dirección de nuestra vida?
4. ¿Qué señales indican que la brújula espiritual está mal calibrada?
5. ¿Qué beneficios trae caminar bajo la luz de la verdad?
6. ¿Qué pasos prácticos ayudan a mantener la brújula alineada con Dios?

Progreso verdadero en el camino

Filipenses 3:14 – Prosigo a la meta, al premio del supremo llamamiento de Dios en Cristo Jesús.

Resumen:

El progreso verdadero no se mide en emociones ni apariencias, sino en frutos duraderos. La madurez espiritual no depende de la popularidad, sino del carácter formado en Cristo.

Lo que permanece es la fidelidad, la obediencia y el fruto del Espíritu. El creyente debe evaluar su avance no por logros externos, sino por cuánto refleja a Cristo en su vida.

Preguntas:

1. ¿Qué diferencia existe entre apariencia y madurez verdadera?
2. ¿Cómo se evidencia el crecimiento interior en el exterior?
3. ¿Qué frutos muestran un progreso espiritual genuino?
4. ¿Por qué logros superficiales pueden engañar?
5. ¿Cómo medir nuestro avance con fidelidad y obediencia?
6. ¿Qué significa que todo progreso espiritual debe glorificar a Cristo?

Mantener firmeza en medio de los desvíos

Efesios 4:14 – Para que ya no seamos niños fluctuantes, llevados por doquiera de todo viento de doctrina.

Resumen:
El camino está lleno de corrientes que intentan desviar al creyente: falsas doctrinas, ideologías, modas. Mantener firmeza es permanecer en la verdad inmutable de Cristo.

La oración y la Palabra recalibran la dirección. La integridad y la fidelidad convierten al creyente en un testigo sólido en medio de la confusión.

Preguntas:

1. ¿Qué ideologías o falsas doctrinas amenazan hoy la firmeza espiritual?
2. ¿Por qué es vital tener a Cristo como norte fijo?
3. ¿Cómo la oración y la Palabra fortalecen nuestra estabilidad?
4. ¿Qué consecuencias trae dejarse arrastrar por lo popular?
5. ¿Qué significa dar testimonio de firmeza en medio de confusión?
6. ¿Cómo mantener integridad y fidelidad en un mundo cambiante?

Señales confiables en el trayecto

Jeremías 6:16 – Así dijo Jehová: Paraos en los caminos, y mirad, y preguntad por las sendas antiguas, cuál sea el buen camino, y andad por él; y hallaréis descanso para vuestra alma.

Resumen:
Dios ha dado señales confiables en Su Palabra y en ejemplos de fe. El creyente debe distinguir entre señales verdaderas y falsas. Ignorarlas conduce al error, obedecerlas trae descanso y seguridad. El discernimiento espiritual se cultiva en oración, obediencia y dependencia de la Palabra. Seguir las sendas antiguas asegura caminar seguros.

Preguntas:

1. ¿Qué representan las "sendas antiguas" en la vida cristiana?
2. ¿Cómo los ejemplos de fe bíblicos sirven como señales confiables?
3. ¿Qué consecuencias trae ignorar las señales de Dios?
4. ¿Por qué el discernimiento espiritual es clave en el trayecto?
5. ¿Cómo diferenciar señales verdaderas de falsas?
6. ¿Qué significa hallar descanso en el camino marcado por Dios?

Mantener el mapa a la vista

Josué 1:8 – Nunca se apartará de tu boca este libro de la ley, sino que de día y de noche meditarás en él.

Resumen:
Olvidar la Palabra es caminar a ciegas. Mantener el mapa a la vista significa leer, meditar y aplicar la Biblia diariamente. No basta con recuerdos del pasado: la Palabra debe ser alimento fresco cada día.

La obediencia a la Palabra abre camino al éxito espiritual. El mapa asegura dirección clara en medio de un mundo confuso.

Preguntas:

1. ¿Por qué no basta con recuerdos pasados de la Palabra?
2. ¿Qué implica mantener el mapa a la vista en la vida práctica?
3. ¿Cómo la lectura y meditación diaria traen dirección segura?
4. ¿Qué consecuencias trae descuidar la Palabra?
5. ¿Cómo se relaciona la obediencia con el éxito espiritual?
6. ¿Qué hábitos ayudan a mantener el mapa siempre visible?

Evitar desvíos en el trayecto

Isaías 30:21 – Tus oídos oirán a tus espaldas palabra que diga: Este es el camino, andad por él.

Resumen:
Los desvíos no siempre son bruscos; a veces comienzan sutilmente. Evitarlos requiere sensibilidad a la voz de Dios y humildad para corregir. La Palabra y el Espíritu Santo recalibran la dirección.

La obediencia y el arrepentimiento a tiempo previenen pérdidas mayores. Volver al camino siempre es posible con un corazón dócil.

Preguntas:

1. ¿Qué ejemplos de desvíos sutiles pueden aparecer en la vida cristiana?
2. ¿Cómo la voz de Dios corrige y redirige?
3. ¿Por qué la humildad es clave para reconocer errores?
4. ¿Qué consecuencias trae no corregir a tiempo?
5. ¿Cómo la Palabra es punto fijo de recalibración?
6. ¿Qué significa volver al camino con obediencia?

No confiar solo en la experiencia pasada

Isaías 43:18-19 – No os acordéis de las cosas pasadas, ni traigáis a memoria las cosas antiguas. He aquí que yo hago cosa nueva.

Resumen:
Vivir de recuerdos espirituales produce estancamiento. Las experiencias pasadas son valiosas, pero no sustituyen la frescura diaria de Dios. Cada día requiere nueva dependencia en Cristo.

La fe debe renovarse en oración, Palabra y obediencia. La gloria de ayer no sostiene la batalla de hoy.

Preguntas:

1. ¿Qué peligros hay en vivir solo de recuerdos espirituales?
2. ¿Cómo distinguir entre valorar el pasado y depender de él en exceso?
3. ¿Qué significa buscar frescura diaria en Cristo?
4. ¿Cómo renovar la fe día a día?
5. ¿Qué riesgos trae confiar en experiencias antiguas en lugar de la Palabra?
6. ¿Qué pasos prácticos ayudan a experimentar lo nuevo de Dios?

Navegar en medio de la oscuridad

Juan 8:12 – Yo soy la luz del mundo; el que me sigue, no andará en tinieblas, sino que tendrá la luz de la vida.

Resumen:
La oscuridad representa confusión, miedo y engaño. El creyente no camina solo: Cristo es la luz que ilumina cada paso.

La Palabra es lámpara segura en momentos inciertos. Confiar en Cristo disipa la oscuridad y fortalece la fe en tiempos difíciles.

Preguntas:

1. ¿Qué representa la oscuridad en la vida espiritual?
2. ¿Cómo Cristo se revela como luz en medio de confusión?
3. ¿Qué significa que la Palabra sea lámpara y lumbrera?
4. ¿Qué peligros trae caminar sin luz?
5. ¿Cómo la fe vence el temor en tiempos oscuros?
6. ¿Qué prácticas fortalecen la confianza en la luz de Cristo?

Mantenerse en rumbo a pesar de los temporales

Mateo 14:30-31 – Pero al ver el fuerte viento, tuvo miedo; y comenzando a hundirse dio voces, diciendo: ¡Señor, sálvame! Y al momento Jesús, extendiendo la mano, lo asió.

Resumen:
Los temporales prueban la fe y buscan desviarnos. El creyente debe mantener los ojos en Cristo aun cuando los vientos soplen fuerte.

La desesperación y el aislamiento nos hunden, pero la confianza en Cristo y la comunidad de fe sostienen hasta que pase la tormenta.

Preguntas:

1. ¿Qué enseñan los temporales sobre la fragilidad humana?
2. ¿Cómo mantener los ojos en Cristo en medio de la tormenta?
3. ¿Qué papel juega la comunidad de fe en los tiempos difíciles?
4. ¿Cómo la fe convierte la desesperación en confianza?
5. ¿Qué significa extender la mano a Cristo en la prueba?
6. ¿Qué fortalezas nacen al resistir un temporal?

Evitar cargar peso innecesario

Mateo 11:28-29 – Venid a mí todos los que estáis trabajados y cargados, y yo os haré descansar.

Resumen:
Muchos caminan cargados con culpas, rencores o exigencias humanas que Dios no pidió. Estos pesos detienen el avance y roban la paz.

Cristo invita a soltar esas cargas y tomar Su yugo, que es ligero y verdadero. Caminar libres permite avanzar firmes hasta la meta.

Preguntas:

1. ¿Qué cargas innecesarias pesan sobre la vida espiritual?
2. ¿Por qué insistimos en llevar lo que Cristo ya cargó?
3. ¿Cómo la invitación de Cristo transforma el cansancio en descanso?
4. ¿Qué diferencia hay entre responsabilidad legítima y peso innecesario?
5. ¿Qué significa correr la carrera ligeros?
6. ¿Qué prácticas ayudan a soltar pesos cada día?

Epílogo – Cuando el mapa no coincide con el terreno

Apocalipsis 22:13 – Yo soy el Alfa y la Omega, el principio y el fin, el primero y el último.

Resumen:
El camino no siempre coincide con nuestras expectativas. Aun cuando el terreno no se parezca al mapa, Cristo sigue siendo el inicio y el fin.

La fidelidad de Dios asegura que la travesía vale la pena. Cada ajuste, cada paso y cada prueba apuntan a la meta eterna en Cristo.

Preguntas:

1. ¿Qué significa confiar en Cristo cuando el mapa no coincide con el terreno?
2. ¿Cómo el epílogo conecta con la visión de todo el libro?
3. ¿Por qué es vital recordar que Cristo es el Alfa y la Omega?
4. ¿Qué enseñanzas principales dejan estos 12 capítulos?
5. ¿Cómo nos invita este epílogo a perseverar con esperanza?
6. ¿Qué pasos personales puedes dar para mantener el rumbo hasta la meta?

Sección 2: Herramientas prácticas para recalibrar

El mapa del camino (La Palabra)

La Palabra de Dios es el mapa confiable que traza la ruta en medio de un terreno desconocido. En la vida cristiana no se puede improvisar el rumbo; necesitamos la Escritura como referencia principal. Cada día, aunque sea un pasaje breve, la lectura bíblica ilumina la senda y nos muestra las curvas y desvíos que debemos evitar.

Este mapa no solo marca el destino, también advierte de peligros en el trayecto. No basta con saber que existe: hay que consultarlo a diario y aplicarlo en las decisiones reales del camino. El que camina con la Biblia abierta nunca estará perdido, aunque cruce valles oscuros o montañas difíciles.

Preguntas para reflexión:

1. ¿Cómo la Palabra de Dios funciona como mapa en medio de la confusión de la vida diaria?
2. ¿Qué significa consultar el mapa cada día y no solo en emergencias?
3. ¿En qué momento la Palabra te evitó caer en un desvío o tropiezo espiritual?

La brújula de la dirección (El Espíritu Santo)

En tierra firme, el mapa muestra el terreno, pero la brújula indica el rumbo exacto en cada paso. Así actúa el Espíritu Santo: nos recuerda la Palabra y nos da dirección precisa en el momento presente. Antes de decidir, el creyente debe orar y esperar. Solo los que hacen silencio pueden escuchar Su guía.

La brújula espiritual nunca contradice el mapa. Más bien confirma la ruta y nos advierte cuando intentamos apartarnos. Es la voz interior que da paz cuando caminamos en lo correcto y nos inquieta cuando nos desviamos. Aprender a seguirla es confiar en que no siempre veremos toda la ruta, pero sí la dirección siguiente.

Preguntas para reflexión:

1. ¿Qué diferencia hay entre tener el mapa y usar la brújula en la vida espiritual?
2. ¿Cómo el Espíritu Santo te ha dado dirección en momentos decisivos?
3. ¿Por qué la paciencia y el silencio son necesarios para escuchar la voz del Espíritu?

La mochila de cargas (Los pesos)

En toda caminata larga, la mochila puede ser un recurso útil, pero si está sobrecargada se convierte en un obstáculo. Así sucede en la vida cristiana: cargamos con culpas, ansiedades, resentimientos o presiones que Dios nunca nos pidió llevar. Estas cargas innecesarias nos atrasan y desgastan.

Una práctica útil es escribir en una hoja qué llevamos dentro de esa mochila y entregarla a Cristo en oración. Soltar no es irresponsabilidad, sino confiar en que Él carga lo que nos hunde. El viajero que descarga su mochila avanza más ligero, con paso firme y mirada clara hacia el destino.

Preguntas para reflexión:

1. ¿Qué cargas innecesarias identificas en tu "mochila espiritual"?
2. ¿Cómo puedes entregarlas a Cristo para caminar más ligero?
3. ¿Qué cambios has notado en tu vida cuando sueltas pesos que te detenían?

El campamento intermedio (La iglesia)

Todo caminante necesita puntos de descanso y provisión en medio de la ruta. La iglesia es ese campamento intermedio donde recuperamos fuerzas, recibimos dirección y compartimos la travesía con otros. El que camina solo se expone a agotamiento y extravío, pero en comunidad el viaje se hace más ligero.

En la iglesia encontramos compañeros de camino que animan cuando flaqueamos y corrigen cuando nos desviamos. Allí se reafirman valores, se fortalecen convicciones y se recargan las fuerzas para seguir andando. Despreciar este campamento es exponerse a perder rumbo; valorarlo es asegurar renovación constante.

Preguntas para reflexión:

1. ¿Qué papel juega tu iglesia como campamento intermedio en tu vida?
2. ¿De qué maneras la comunidad de fe te ha animado o corregido?
3. ¿Cómo puedes aprovechar mejor este "campamento" para avanzar en tu caminar espiritual?

El Guía del sendero (Cristo)

Sobre todas las herramientas, Cristo es el Guía que camina al frente. Él no señala desde lejos: va con nosotros en cada tramo del sendero. Saber que Él va delante trae paz, aun cuando el camino pase por desiertos o montañas difíciles.

Hablar con Él en oración mantiene la comunión y la confianza en que no estamos solos. El Guía conoce cada sendero oculto, cada atajo y cada riesgo que nosotros no vemos. Seguir Sus pasos asegura que lleguemos al destino eterno, aunque el trayecto sea duro.

Preguntas para reflexión:

1. ¿Qué significa dejar que Cristo sea tu Guía y no solo tu referencia?
2. ¿Cómo la oración diaria fortalece tu confianza en que Él va delante de ti?
3. ¿Qué seguridad encuentras al recordar que el Guía conoce todo el camino antes de que tú lo transites?

Sección 3: Desvíos y ajustes — Resumen de capítulos

Capítulo	Desvíos comunes	Ajustes necesarios
1. Caminar con rumbo claro	Comenzar con motivaciones superficiales; dejarse llevar por emociones pasajeras	Definir visión en Cristo y alinear el corazón con Su Palabra
2. El valor de la perseverancia	Desánimo, cansancio, rendirse en medio de pruebas	Perseverar con pasos firmes y constantes, confiando en la gracia de Dios
3. Verificar la brújula constantemente	Ignorar la dirección del Espíritu; confiar solo en lógica humana	Practicar autoexamen, oración y calibrar la vida con la Palabra
4. Progreso verdadero en el camino	Confundir apariencia con madurez; vivir de logros superficiales	Buscar fruto espiritual y carácter sólido que glorifiquen a Cristo
5. Mantener firmeza en medio de los desvíos	Ceder a modas, relativismo o voces múltiples	Evaluar cada paso con la verdad eterna y mantener la mirada en Cristo
6. Señales confiables en el trayecto	Ignorar advertencias espirituales; falta de discernimiento	Interpretar las señales a la luz de la Palabra y cultivar sensibilidad espiritual
7. Mantener el mapa a la vista	Descuidar la lectura bíblica; depender de recuerdos espirituales	Estudiar la Palabra diariamente como guía continua
8. Evitar desvíos en el trayecto	Alejarse por comodidad, negligencia u orgullo	Volver al camino con humildad y corregir a tiempo

Capítulo	Desvíos comunes	Ajustes necesarios
9. No confiar solo en la experiencia pasada	Vivir de recuerdos espirituales; estancarse en lo antiguo	Buscar frescura diaria en oración y Palabra
10. Navegar en medio de la oscuridad	Ceder al miedo, al engaño o a la autosuficiencia	Depender de la Palabra como lámpara y confiar en Cristo
11. Mantenerse en rumbo a pesar de los temporales	Desesperación, impulsividad, aislamiento en la prueba	Aferrarse a Cristo, mantener la fe y permanecer en comunidad
12. Evitar cargar peso innecesario	Culpa, perfeccionismo, apegos y ansiedades	Soltar lo que estorba y caminar ligeros confiando en Cristo
Epílogo – Cuando el mapa no coincide con el terreno	Creer que el camino siempre será predecible y no prepararse para lo inesperado	Confiar en Cristo como inicio y fin, aceptar Sus procesos aun cuando no encajen con nuestras expectativas, y mantener la fidelidad hasta la meta

Seccion 4: 10 Preguntas para Buscar Cambios

1. ¿Qué áreas de tu vida muestran que has estado caminando sin rumbo claro, aunque digas que sigues a Cristo?
2. ¿Qué excusas repites para justificar tu falta de perseverancia en oración, lectura bíblica o servicio?
3. ¿Qué "mapas falsos" (filosofías, ideologías o consejos humanos) han influido más en tus decisiones que la Palabra de Dios?
4. ¿Qué corrientes externas (doctrinas, tendencias, modas) te han movido a titubear en tu fe?
5. ¿Qué desvíos internos (orgullo, comodidad, negligencia) has tolerado porque parecen pequeños o "inofensivos"?
6. ¿Qué experiencias pasadas usas como excusa para no buscar frescura espiritual hoy?
7. ¿En qué momentos has preferido caminar en la oscuridad de tu voluntad, aunque sabías lo que decía la luz de la Palabra?
8. ¿Cómo reaccionas en medio de los "temporales": buscando a Cristo con fe, o aislándote y desesperando como si Él no estuviera contigo?
9. ¿Qué cargas innecesarias (culpas, rencores, perfeccionismo, afanes) todavía cargas, aunque Cristo ya te dijo que las soltaras?

10. Si Cristo te preguntara hoy: "¿Me has seguido fielmente hasta el final?", ¿qué responderías con sinceridad?

Estas preguntas no son para contestar a la ligera; son para provocar quebrantamiento y decisiones.

Sección 5: Invitación final

La travesía espiritual no termina hasta que lleguemos al puerto eterno. Cada capítulo de este manual es como una carta de navegación que nos alerta de desvíos posibles y nos muestra cómo corregir rumbo. No temas si descubres que te has desviado en más de un área: lo importante es recalibrar y seguir avanzando. Dios no espera perfección, espera fidelidad y disposición a ajustar el corazón.

Hoy se te presentan herramientas prácticas y un resumen claro para que no pierdas la ruta. Úsalos en oración, en tu vida personal y en tu comunidad de fe. El mar puede ser incierto, pero el Capitán es fiel. Y Su promesa es que llegarás a salvo al puerto seguro de Su presencia.

Devocional De 30 Días
Manteniendo El Rumbo

Introducción

Este devocional nace como una extensión práctica del *Manual de Navegación Espiritual*. Mientras los capítulos principales funcionan como cartas de navegación, el devocional ofrece un mapa diario para caminar en obediencia, fe y dependencia del Señor. Su propósito no es añadir más teoría, sino invitarte a vivir en lo cotidiano lo que has aprendido en las páginas anteriores.

Cada día encontrarás un verso bíblico clave, una breve reflexión, una aplicación práctica y una oración sencilla. La estructura es intencional: palabra que ilumina, enseñanza que forma, acción que compromete y oración que conecta. En conjunto, estos elementos crean un ritmo de navegación espiritual que puede transformar tu vida si lo aplicas con constancia.

No necesitas ser un experto para usar este recurso; basta un corazón dispuesto. Si lo deseas, puedes trabajarlo de manera personal, como alimento espiritual diario. Pero también puede ser usado en grupos pequeños, donde cada creyente comparte lo que Dios le habló y cómo decidió ponerlo en práctica.

La clave está en la continuidad. Al igual que un navegante revisa diariamente su mapa y brújula, el creyente debe examinar a diario su rumbo espiritual. Este devocional está diseñado para ser ese recordatorio constante: detenerse, reflexionar, ajustar y avanzar.

Treinta días pueden parecer cortos, pero pueden convertirse en el inicio de un nuevo estilo de vida. El objetivo no es cumplir una meta numérica, sino abrir espacio para que el Espíritu Santo forme en ti disciplina, sensibilidad y obediencia.

Que cada día se convierta en una oportunidad para recalibrar tu vida en la Palabra y fortalecer tu confianza en Cristo. Y que al final de este mes, no solo hayas leído reflexiones, sino que hayas dado pasos firmes hacia un rumbo claro, ligero y seguro en la fe.

Devocional de 30 Días — Manteniendo el Rumbo

Día 1: El punto de partida

Hebreos 12:2
Puestos los ojos en Jesús, el autor y consumador de la fe...

Todo viaje comienza con un inicio claro, y la vida cristiana inicia con Cristo en el centro. Muchas veces tratamos de comenzar desde nuestras emociones o fuerzas, pero el único fundamento firme es Jesús. Si tu mirada está en otro lugar, tarde o temprano perderás la dirección. Comenzar bien no significa nunca fallar, sino siempre volver a la fuente. Hoy es un buen día para recalibrar y poner tus ojos en Él.

Aplicación: Dedica 5 minutos a entregarle de nuevo tu camino a Cristo.

Oración: Señor, quiero comenzar y mantener este viaje contigo al frente.

Día 2: La brújula del Espíritu

Juan 16:13
Pero cuando venga el Espíritu de verdad, él os guiará a toda la verdad...

El Espíritu Santo es la brújula que orienta cada paso. Sin Su guía, es fácil desviarse aunque tengamos buenas intenciones. Él nos recuerda la Palabra y alinea nuestras decisiones con el plan eterno de Dios. La brújula nunca miente cuando se usa bien; el Espíritu nunca se equivoca cuando nos dejamos guiar. Confiar en Su dirección es andar en seguridad.

Aplicación: Pregunta hoy: "Espíritu Santo, ¿qué me quieres mostrar?" y espera Su respuesta.

Oración: Espíritu de verdad, sé mi guía en cada decisión de este día.

Día 3: Evitar mapas falsos

Gálatas 1:8
Mas si aun nosotros, o un ángel del cielo, os anunciare otro evangelio diferente del que os hemos anunciado, sea anatema.

Un mapa incorrecto lleva al naufragio; lo mismo sucede con evangelios distorsionados. Hoy abundan filosofías y mensajes atractivos que no se alinean con la verdad bíblica. La Palabra debe ser siempre el mapa verdadero. El creyente sabio confirma todo a la luz de la Escritura. Quien sigue el mapa correcto llegará al destino eterno sin perderse.

Aplicación: Lee hoy un pasaje bíblico y confronta lo que escuchas a su luz.

Oración: Señor, guárdame de falsos mapas y mantenme en Tu verdad.

Día 4: Revisar la carga

Hebreos 12:1
Despojémonos de todo peso…

Ningún navegante avanza ligero si lleva cargas innecesarias. Muchos creyentes caminan con culpas, heridas o preocupaciones que Dios ya tomó en la cruz. El exceso de peso roba fuerza y detiene el avance. Soltar no es perder, es ganar libertad para correr la carrera. Hoy es día de dejar cargas en manos de Cristo.

Aplicación: Escribe una carga y preséntala en oración a Dios.

Oración: Jesús, tomo Tu yugo ligero y suelto lo que me detiene.

Día 5: Señales en el camino

Salmos 25:4
Muéstrame, oh Jehová, tus caminos; enséñame tus sendas.

Dios nunca deja a Sus hijos a ciegas. Él pone señales en el camino: consejos sabios, Su Palabra, advertencias en el corazón. Ignorar las señales lleva al peligro, obedecerlas asegura el rumbo. La vida espiritual requiere ojos atentos y oídos sensibles. La obediencia abre paso a la bendición.

Aplicación: Pide al Señor una señal clara en el área que más necesitas dirección.

Oración: Padre, dame discernimiento para reconocer Tus señales.

Día 6: Cuando el camino se vuelve tormentoso

Marcos 4:39
Y se hizo grande bonanza.

Las tormentas espirituales son inevitables, pero no eternas. Cuando el camino se llena de vientos fuertes y polvo que oscurece la ruta, el corazón tiembla. Sin embargo, Cristo tiene autoridad para calmar todo lo que sacude nuestra marcha. La paz no viene de senderos despejados, sino de Su presencia. En medio del terreno hostil, confía en el Guía fiel.

Aplicación: Lee Marcos 4 y subraya lo que Cristo hace en medio de la tormenta.

Oración: Señor, dame paz aun cuando el camino de mi vida se vuelva tormentoso.

Día 7: La lámpara en la oscuridad

Salmos 119:105
Lámpara es a mis pies tu palabra, y lumbrera a mi camino.

La noche puede traer miedo, confusión y tropiezos. Sin luz, la travesía por senderos y veredas se vuelve peligrosa. La Palabra de Dios es la lámpara que alumbra cada paso en la oscuridad. Ella revela la ruta segura y expone las piedras ocultas. Caminar sin ella es caminar en tinieblas.

Aplicación: Lee hoy un salmo y medita en cómo ilumina tu vida.

Oración: Dios, haz que Tu Palabra sea mi lámpara en toda oscuridad.

Día 8: Evitar desvíos comunes

Jeremías 6:16
Paráos en los caminos, y mirad, y preguntad por las sendas antiguas, cuál sea el buen camino, y andad por él; y hallaréis descanso para vuestra alma.

El creyente puede desviarse por comodidad o descuido. A veces el camino ancho parece más fácil, pero termina en pérdida. Dios nos llama a detenernos y examinar si vamos por la ruta correcta. Los desvíos nunca comienzan grandes, siempre empiezan pequeños. Por eso debemos ajustar a tiempo antes de perdernos por completo.

Aplicación: Examina hoy un área de tu vida donde has cedido a la comodidad.

Oración: Señor, muéstrame dónde me he desviado y guíame de regreso.

Día 9: No vivir de recuerdos

Lamentaciones 3:23
Nuevas son cada mañana; grande es tu fidelidad.

La experiencia pasada no es suficiente para el presente. Muchos viven de recuerdos de lo que Dios hizo antes, pero descuidan la frescura diaria. La fe no se alimenta de lo que pasó ayer, sino de lo que recibimos hoy. Dios quiere derramar gracia nueva cada día. No vivas del ayer cuando el maná fresco está disponible.

Aplicación: Ora y agradece a Dios por una nueva misericordia recibida hoy.

Oración: Padre, ayúdame a vivir en Tu gracia fresca y no en recuerdos viejos.

Día 10: La tormenta interior

Filipenses 4:7
Y la paz de Dios, que sobrepasa todo entendimiento, guardará vuestros corazones y vuestros pensamientos en Cristo Jesús.

No todas las tormentas son externas; muchas suceden en el corazón. El miedo, la ansiedad y la desesperanza se convierten en olas internas. Pero la paz de Cristo calma primero el alma y luego las circunstancias. Esa paz no depende del entorno, sino de Su presencia. El creyente que la recibe permanece firme aunque todo tiemble.

Aplicación: Haz una lista de tus ansiedades y preséntalas en oración.

Oración: Señor, calma mi tormenta interior con Tu paz.

Día 11: El peligro del aislamiento

Hebreos 10:25
No dejando de congregarnos, como algunos tienen por costumbre…

En medio de dificultades, algunos se aíslan. Creen que es mejor enfrentar solos la tormenta, pero eso solo multiplica el dolor. Dios nos diseñó para caminar en comunidad. La iglesia es tripulación, no pasajeros solitarios. Quien se aísla pierde fuerza, quien se une encuentra apoyo.

Aplicación: Comunícate hoy con alguien de tu congregación y ora juntos.

Oración: Padre, ayúdame a permanecer en comunidad y no caminar solo.

Día 12: Soltar el lastre

Mateo 11:30
Porque mi yugo es fácil, y ligera mi carga.

Un barco sobrecargado corre riesgo de hundirse, y lo mismo sucede con un corazón cargado. Cristo nunca nos pidió llevar pesos que Él ya cargó. Muchas veces el perfeccionismo, la culpa o las comparaciones nos oprimen. Pero en Cristo encontramos descanso y ligereza. Soltar el lastre es confiar en Su gracia.

Aplicación: Piensa en una carga que llevas y entrégasela hoy a Jesús en oración.

Oración: Señor, suelto en tus manos las cargas que no me corresponden.

Día 13: Aprender en la espera

Isaías 40:31
Pero los que esperan a Jehová tendrán nuevas fuerzas…

La espera puede parecer una tormenta silenciosa. Cuando las respuestas tardan, la ansiedad golpea. Pero la paciencia no es pérdida de tiempo, es entrenamiento espiritual. En la espera se fortalecen las raíces de la fe. Dios nunca llega tarde, siempre llega a tiempo.

Aplicación: Dedica 10 minutos hoy solo a esperar en silencio en la presencia de Dios.

Oración: Dios, enséñame a esperar en Ti con confianza y no con impaciencia.

Día 14: El faro de Cristo

Juan 8:12
Yo soy la luz del mundo; el que me sigue, no andará en tinieblas, sino que tendrá la luz de la vida.

En medio de la oscuridad del mundo, Cristo es nuestro faro. No se apaga ni cambia según las circunstancias. Su luz dirige, corrige y da seguridad. Cuando seguimos Su resplandor, no tropezamos aunque el camino sea oscuro. Él es la certeza de que llegaremos al destino.

Aplicación: Ora agradeciendo a Jesús por ser tu luz en cada situación.

Oración: Jesús, sé mi luz constante en todo momento de oscuridad.

Día 15: El valor de la corrección

Proverbios 3:11–12
No menosprecies, hijo mío, el castigo de Jehová, ni te fatigues de su corrección; porque Jehová al que ama castiga, como el padre al hijo a quien quiere.

Muchos rechazan la corrección porque hiere el orgullo. Sin embargo, la corrección es señal de amor y cuidado divino. Un caminante que ignora las advertencias de quien dirige el trayecto corre peligro. De igual manera, el creyente que no acepta corrección se desvía. Recibirla con humildad asegura un rumbo firme.

Aplicación: Reflexiona en una corrección reciente y agradécele a Dios por ella.

Oración: Padre, dame un corazón humilde para recibir Tu corrección.

Día 16: Perseverar en la ruta

Gálatas 6:9
No nos cansemos, pues, de hacer bien; porque a su tiempo segaremos, si no desmayamos.

El viaje de la fe no es una carrera corta, sino un trayecto largo. Muchos comienzan con entusiasmo, pero pocos perseveran. La perseverancia es lo que diferencia al que llega del que se queda en el camino. No siempre verás resultados inmediatos, pero la fidelidad siempre tiene fruto. Dios recompensa a los que no se rinden.

Aplicación: Haz una lista de tres razones por las que no debes rendirte en tu fe.

Oración: Señor, fortalece mi corazón para perseverar hasta el final.

Día 17: No seguir voces extrañas

Juan 10:27
Mis ovejas oyen mi voz, y yo las conozco, y me siguen.

En el camino, no todas las señales de radio son confiables; algunas pueden confundir. Así también, no todas las voces espirituales vienen de Dios. El creyente debe aprender a reconocer la voz del Buen Pastor. Su voz siempre trae paz, dirección y verdad. Seguirlo a Él es garantía de seguridad.

Aplicación: Haz silencio hoy y pregúntale: "Señor, ¿qué quieres que escuche de Ti?"

Oración: Jesús, enséñame a distinguir Tu voz de todas las demás.

Día 18: La firmeza en la roca

Hebreos 6:19
La cual tenemos como segura y firme ancla del alma…

Así como una estaca firme sostiene la tienda en medio del viento, Cristo da estabilidad al alma cuando soplan tempestades. Él es la roca sólida en la que podemos afirmarnos sin temor. Sin Él, el camino se vuelve inestable y terminamos extraviados. Con Él, permanecemos firmes aunque todo alrededor se sacuda. El alma aferrada a Cristo no se pierde.

Aplicación: Medita en un momento donde Cristo fue tu roca firme en la prueba.

Oración: Señor, sé mi firmeza segura en todo tiempo.

Día 19: Los compañeros de la ruta

Eclesiastés 4:9–10
Mejores son dos que uno; porque tienen mejor paga de su trabajo. Porque si cayeren, el uno levantará a su compañero.

Ningún viajero atraviesa el desierto solo; necesita compañeros de ruta. Así también, la vida cristiana requiere comunidad. Caminar aislado es exponerse a caer sin que nadie ayude a levantarse. El apoyo mutuo fortalece en la dificultad y multiplica el gozo en la victoria. La iglesia es parte esencial del camino.

Aplicación: Llama o anima hoy a un hermano en la fe que lo necesite.

Oración: Dios, gracias por los compañeros de la ruta que me acompañan en la travesía.

Día 20: El peligro de la distracción

Lucas 10:41–42
Marta, Marta, afanada y turbada estás con muchas cosas. Pero solo una cosa es necesaria…

La distracción es uno de los mayores peligros en el viaje espiritual. Se puede estar ocupado con muchas actividades, pero sin avanzar en lo esencial. Cristo nos recuerda que lo importante es estar a Sus pies. Las distracciones roban fuerza, enfoque y pasión. Volver a lo esencial es la clave para mantener rumbo.

Aplicación: Identifica hoy una distracción que debas reducir o eliminar.

Oración: Jesús, ayúdame a elegir lo esencial: estar contigo.

Día 21: El campamento intermedio

Hechos 2:42
Y perseveraban en la doctrina de los apóstoles, en la comunión unos con otros, en el partimiento del pan y en las oraciones.

Todo caminante necesita campamentos intermedios para descansar y abastecerse en medio de la travesía. En la vida espiritual, la iglesia es ese campamento donde recibimos enseñanza, comunión y renovación. No es el destino final, pero es un lugar vital en el camino. Allí las fuerzas se recuperan y el corazón se afirma. Cada campamento espiritual nos impulsa a seguir con firmeza hacia la meta.

Aplicación: Participa activamente en tu iglesia esta semana como tu campamento de renovación.

Oración: Señor, gracias por darme un campamento espiritual en Tu iglesia.

Día 22: La obediencia como brújula

Deuteronomio 5:33
Andad en todo el camino que Jehová vuestro Dios os ha mandado…

La brújula determina la dirección en la travesía, y en la vida cristiana esa brújula es la obediencia. Sin obediencia, aunque tengamos mapa y experiencia, terminamos desviados. La obediencia no siempre es sencilla, pero siempre es segura. Cada decisión de obedecer fortalece nuestra ruta. La fidelidad a Dios es la clave de llegar al destino.

Aplicación: Obedece hoy una instrucción de la Palabra que has estado posponiendo.

Oración: Señor, hazme sensible y obediente a Tu dirección.

Día 23: El guía del camino

Mateo 8:27
¿Qué hombre es este, que aun los vientos y el mar le obedecen?

Ningún caminante cruza un terreno difícil sin guía, y nuestra vida necesita reconocer a Cristo en ese lugar. Él no solo dirige, también gobierna con poder y autoridad. Cuando la tormenta arrecia en el sendero, su voz trae calma. Cuando la oscuridad cubre el trayecto, Su presencia da seguridad. Jesús es el Guía que nunca abandona a quien camina con Él.

Aplicación: Rinde a Cristo un área de tu vida donde has querido ser tu propio guía.

Oración: Jesús, toma la dirección de mi vida y llévame según Tu voluntad.

Día 24: Mantener el norte fijo

Colosenses 3:2
Poned la mira en las cosas de arriba, no en las de la tierra.

El norte verdadero nunca cambia aunque la neblina lo oculte. Así también, Cristo sigue siendo el mismo aunque el mundo cambie. Mantener la mirada en las cosas de arriba evita que el corazón se pierda en lo temporal. El creyente que fija su norte en Cristo no se confunde con corrientes pasajeras. Su meta es eterna y segura.

Aplicación: Repite varias veces en oración: "Mi norte eres Tú, Señor."

Oración: Dios, mantén mi corazón enfocado en lo eterno.

Día 25: No confiar en la experiencia pasada

Isaías 43:19
He aquí que yo hago cosa nueva; pronto saldrá a luz…

Los caminantes experimentados saben que cada ruta es distinta. Lo aprendido ayuda, pero no basta; se requiere atención a lo nuevo. Confiar solo en experiencias pasadas puede llevar a errores. Dios quiere hacer cosas nuevas en cada etapa de nuestra vida. El creyente debe vivir en expectativa, no en rutina.

Aplicación: Haz espacio hoy para algo nuevo que Dios quiera enseñarte.

Oración: Señor, abre mis ojos para ver lo nuevo que estás haciendo.

Día 26: Preparados para el terreno difícil

Efesios 6:13
Tomad toda la armadura de Dios, para que podáis resistir en el día malo…

El caminante sabio se prepara antes de enfrentar un terreno difícil. Así también, el creyente se fortalece antes del día malo. Oración, Palabra y fe son su equipo de batalla. Quien se prepara con la armadura de Dios resiste cualquier adversidad. La victoria pertenece a los prevenidos en Cristo.

Aplicación: Ora hoy usando cada parte de la armadura espiritual en Efesios 6.

Oración: Padre, vísteme con Tu armadura para resistir en todo tiempo.

Día 27: Viajar ligero

Mateo 6:33
Mas buscad primeramente el reino de Dios y su justicia…

El exceso de equipaje retrasa cualquier caminata. El corazón lleno de apegos no puede avanzar con libertad. Dios nos llama a priorizar lo eterno sobre lo temporal. Buscar primero Su reino es la clave para viajar ligero. Quien confía en Él recibe lo que realmente necesita.

Aplicación: Elimina hoy una distracción o apego que ocupa tu corazón más que Dios.

Oración: Señor, ayúdame a soltar y a vivir enfocado en Tu reino.

Día 28: El gozo en la travesía

Nehemías 8:10
El gozo de Jehová es vuestra fuerza.

El viaje espiritual no está marcado solo por dificultades, también por gozo. El gozo del Señor es la fuerza que sostiene al creyente. No depende de circunstancias, sino de Su presencia constante. Un corazón alegre en Cristo avanza más firme y confiado. El gozo es combustible para la fe.

Aplicación: Haz algo hoy que exprese tu gozo en el Señor (cantar, sonreír, testificar).

Oración: Señor, llena mi vida con el gozo que viene de Ti.

Día 29: Mirar hacia la meta

Filipenses 3:14
Prosigo a la meta, al premio del supremo llamamiento de Dios en Cristo Jesús.

El caminante no se distrae con lo que queda atrás, su mirada está en el destino. Así también, el creyente debe enfocar su corazón en la meta eterna. Mirar atrás produce estancamiento y desánimo. Avanzar hacia la meta trae esperanza y dirección. El premio está delante, no detrás.

Aplicación: Declara hoy en fe: "Mi meta es Cristo y no me detendré."

Oración: Jesús, mantén mis ojos en Ti, mi meta eterna.

Día 30: El campamento final

2 Timoteo 4:7–8
He peleado la buena batalla, he acabado la carrera, he guardado la fe.

Todo viaje tiene un destino final, y el del creyente es la presencia eterna de Dios. Allí no habrá tormentas, cargas ni oscuridad. Allí estará nuestro Guía esperándonos con brazos abiertos. El campamento final es la promesa de los que perseveran. Esa certeza nos impulsa a mantenernos firmes hasta el final.

Aplicación: Dedica hoy unos minutos a agradecerle a Dios por la esperanza del campamento eterno.

Oración: Señor, gracias porque me esperas en el campamento seguro de Tu presencia.

Acerca Del Autor

Diego Colón-Batiz es Obispo Ordenado con una trayectoria ministerial de décadas al servicio del Señor, caracterizada por la predicación, la enseñanza y la formación de líderes y creyentes comprometidos con Cristo. Su ministerio se distingue por un mensaje bíblico, confrontativo y pastoral, que busca equipar a la iglesia para mantenerse fiel en medio de tiempos de confusión y desafío espiritual.

Es autor de *El Precio del Llamado: Lo que Significa Seguir a Cristo, El Ejército del Siglo 21: La Iglesia Armada para la Guerra Espiritual Moderna* y *El Mensaje Perdido: Restaurando el Corazón del Evangelio en la Iglesia de Hoy*. En cada una de estas obras ha dejado clara su carga ministerial: preparar discípulos que vivan bajo la verdad de la Palabra y guiar a la iglesia a recuperar la esencia del evangelio.

Con *Manual de Navegación Espiritual: Descubriendo el rumbo seguro en medio de la confusión moderna*, el autor continúa esa misma línea, ofreciendo un recurso práctico y profundo que ayuda al creyente a identificar desvíos espirituales y recalibrar su vida conforme a la Palabra. Más que un libro, es una guía de formación que equipa tanto al individuo como a la iglesia para perseverar en el rumbo correcto hacia la meta eterna.

Junto a su esposa, la Pastora Viviana, sirve en **Iglesia El Refugio** en Winter Haven, Florida, compartiendo la carga pastoral y edificando una comunidad que vive bajo el lema: *"Un hogar para sanar y avanzar"*. Su vida y ministerio reflejan un mismo propósito: levantar una iglesia firme en la Palabra, sensible al Espíritu y centrada en Cristo en todo lo que hace.

www.ingramcontent.com/pod-product-compliance
Lightning Source LLC
LaVergne TN
LVHW061335060426
835511LV00014B/1941

* 9 7 9 8 9 9 3 3 3 0 2 5 9 *